只有儿科专家知道的小妙招

让孩子
不挑食 脾不虚 身体棒

何世桢◎著

江西科学技术出版社

特别鸣谢

丁　樱	高清顺	郑启仲
阮国治	马丙祥	赵　坤
宋桂华	刘　霞	成淑凤
马淑霞	任献青	郑　宏
都修波	黄　甡	高　山

感谢河南中医学院第一附属医院各位专家的无私奉献！

前言

孩子不生病是一件多么幸福的事

我的媳妇生孩子时，在医院住的是加床，别看那时候是春节，但医院里加床已经加得满满的了。由于是龙年，所以生孩子的人特别多，当时我就体会到了竞争的感觉。孩子没出生，我就替他捏一把汗，不知道将来孩子长大了以后，这些“龙宝宝”们的压力会有多大。

夜里十一点多，儿子出生了，在我把他抱在怀里的那一瞬间，我就明白了“孩子是爹娘的心头肉”这句话的重量了，我也在心里默默下定决心，一定要把孩子养好，一定要尽自己所有的努力让孩子更优秀。

但是，怎么样才能让孩子优秀呢？我在医院里工作快十年了，我自己的感受是——必须先健康。试想一下，如果一个孩子整天病怏怏的，隔三岔五就生病，动不动就上医院，让全家人担心，将来怎么办呢？

我们医院的儿科特别牛，是国家临床重点专科，国家中医药管理局重点学科、重点专科，在全国都非常有名。仅全国名老中医、享受国务院特殊津贴专家、国家二级教授等国家级的名医名家就非常多。我在医院上班，经常有一些同学、朋友、亲戚找我，甚至有一些朋友的朋友，我从来就不认识，却绕了好几层关系来找我，让我帮忙挂专家号。这些父母们的声音甚是可怜，经常会说“我的孩子看了好几个专家，跑了好几个医院都看不好”之类的话。

家长们很难，为了挂一个专家号深夜排队，或者动员全家人打预约电话。有很多家长好不容易挂上了专家号，一对着专家说起自己孩子的病，自己忍不住先流下泪来。

我在医院经常跟着儿科的专家们坐诊，或者到儿科的病房里了解情况，看到这种情况我就在想，为什么一个孩子会经常生病？如果家长们懂一些医学常识，孩子是不是要少遭好多罪？家长是不是能少很多担心，少受很多累？

每个家长都希望自己的孩子将来能出人头地、光耀门楣，但是，要想让自己的孩子将来能成才，首先得让他有个好身体，让他不生病，少生病。

于是，我萌生了把医院专家们的宝贵临床经验总结出来，整理成书以惠及家长们的想法。

在这本书里的治病方法，有一部分是我自己的孩子生病时专家用的，有一些是我跟着专家坐诊时得来的。这些都是专家多年的经验总结，既简单又实用，希望能给各位家长一点帮助。当然，里面还有一些疾病误区方面的提醒，也非常重要，因为家长们在很多孩子疾病的认识方面存在着很大的错误，需要纠正一下。

因为在医院工作，有着“近水楼台先得月”的条件，于是，自打儿子出生以后，凡是他的身体有点“风吹草动”，我就往儿科的门诊和病房跑，听专家们的耳提面命，当然，还有一部分原因是，我身边也有很多亲戚朋友的孩子出生，他们经常问我一些婴幼儿养护方面的问题。我觉得很有必要把专家们讲的一些共性的话题给写出来，让更多的年轻的爸爸妈妈们看到。

我有个同事，他说自从女儿出生以后，他养成了记日记的习惯，记录女儿每天的变化。当时我很佩服他，一个男人为了孩子养成记日记的习惯，真是让人感动。我觉得，我也应该做点事，把我养孩子期间向专家请教的话以及跟专家坐诊时的宝贵经验写下来。第一，等我儿子将来长大了，他看到他的爸爸为了养育他付出的心血，自然会明白我对他毫无保留的爱；第二，我想用这本书来帮助解决很多父母在养孩子时出现的困惑。这就是我写这本书的目的，这就够了。

我开始有动笔的念头时，儿子才呱呱坠地，等这本书成稿，他已经两岁半了，用句比较烧包的网络语说，就是已经会打酱油了。回顾与孩子在一起这两年多的时光，真的很欣慰。孩子有个不错的身体，给我和妻子省了很多麻烦。

在这里首先得感谢河南中医学院第一附属医院的各位专家，我儿子的身体一有什么动静，我就赶紧给专家们打电话，因为工作环境的得天独厚，真没少麻烦专家。谢谢你们！

其次要感谢我的父母，他们对孩子疼爱但不溺爱，从孩子出生到现在，已经过去八百多天了，他也感冒、发烧、腹泻过，但是都是用一些很小的方法就好了。算下来，儿子到现在生病花的钱不到五百元，基本上没怎么让我们担心。

再次感谢紫图图书的马松老师和李若杨老师，他们为此书的出版出谋划策，不遗余力，把一本粗糙的书稿编排得像美玉一般熠熠生华。

最后，由于我是全国十多家报纸、杂志、网站等媒体的特约记者，也要感谢报社的老师教我学会写文章，感谢编辑老师们经常向我约稿，让我把文笔磨炼得能让大家读懂、受益。

把这本书献给一个叫做何紫腾的小朋友，希望你能茁壮成长！也送给全天下的父母，希望在你们的关怀下，孩子能少生病，不生病！

何世桢

2014 年 8 月

目录

第1章 只有儿科专家知道的育儿知识

第2章 如何让孩子不挑食、脾不虚

第3章 未雨绸缪：孩子发病前有各种信号

第4章 别以为孩子发烧、咳嗽是小事

第5章 专家教我这样保护新生儿

后记

第1章

只有儿科专家知道的育儿知识

1. 养小孩子，先养好脾胃和肺
2. 孩子的大部分小毛病都是贪吃引起的
3. 肺是孩子五脏里的“娇脏”，必须娇养
4. 警惕你的孩子得“三高”
5. 吃得太好了，孩子容易得胆结石
6. 滥用激素、抗生素是在透支孩子的生命
7. 孩子不爱学习，很可能是身体出问题了

1 养小孩子，先养好脾胃和肺

造成小孩子生病的原因无非就两条：吃着了，冻着了。生的病最常见的也就三类：发烧了，咳嗽了，积食了。

没有不爱孩子的父母，有多爱呢？自己家人爱还不够，恨不得全天下的人都来爱自己的孩子。我看到过一条新闻，说有一位男士，因为妻子怀孕了，害怕辐射影响到胎儿的发育，就到整个小区里挨家串户地敲门，要求大家停用无线网络。这件事是可笑了一点，但也从侧面反映出了家长对宝宝的关心。

但是，怎样才是真正地爱孩子？答案只有一个，就是给他一个健康的身体，让他经历得起风霜雨雪，能够茁壮成长。

让孩子拥有一个健康的身体，难吗？我套用古人的话来告诉大家吧！天下事（育儿）有难易乎？为之，则难者亦易矣；不为，则易者亦难矣。人之为学（懂点医学常识）有难易乎？学之，则难者亦易矣；不学，则易者亦难矣！

我有一次跟我们医院儿科非常有名的赵坤主任医师聊天的时候，她说，自己的孩子从小到大，除了打预防针，就没再打过针。

当然，对于没有多少育儿知识的家长来说，养孩子要达到这个程度可能难了一些，但是，让孩子尽量少生病、少吃药、少打针还是可以做到的。

为什么？听听专家是怎么说的：

“造成小孩子生病的原因无非就两条：吃着了，冻着了。生的病最常见的也就三类：发烧了，咳嗽了，积食了。”

孩子的主要问题就集中在脾和肺上

一般来说，只要不是有一些先天疾病或者后天出现的重大疾病，孩子的心、肝、肾这三个系统是不会有问题的。

孩子的主要问题就集中在脾和肺上。

先说孩子脾胃，明代医书《幼科发挥》中说：“小儿脾常不足，尤当调理，调理之法，不专在医，唯调乳母，节饮食，慎医药，使脾胃无伤，则根本固矣”，并得出结论说，“调理脾胃者，医中之王道”。所以，家长一定要注意养护孩子的脾胃。

而“肺为娇脏，肺常不足”这种说法见于明代万全著的《育婴家秘·五脏证治总论》，现在广为医生们所接受。这本书里面也明确指出：“肺为娇脏，难调而易伤也……天地之寒热，伤人也，感则肺先受之。”

所以说，一般情况下，孩子的常见病主要集中在脾和肺上，把这两脏安抚好了，孩子的病就少了大半了。

清代儿科名著《幼科铁镜》上说：脾脏属土，土为万物之母，亦是人身之母。而脾与肺的关系是土生金的关系。我有一次在看一部古代的军事题材电视剧的时候，电视里说“兵马未动，粮草先行”，当时我突然想到，如果把小孩子的身体比作一支军队的话，那脾胃就是负责“粮草”的押运官，“兵马未动，粮草先行”，放在小孩子身上不就是说，要想他（她）身体棒棒的，必须先把脾胃调理好吗？我当时把这个道理想通了，就特别佩服我们的先人，所谓“天人合一”，一支军队的运作，天地万物的运转，放在人身体上都是一个道理。

2 孩子的大部分小毛病都是贪吃引起的

要知道，贪吃是孩子的本性。有句俗话叫“吃饭不知饥饱，睡觉不知颠倒”，就是形容小孩子的。但是，孩子的脾胃功能还未完善，如果吃太多肥甘厚腻的食物，就容易积食，伤到后天之本——脾胃。

先说说孩子的脾，专家们告诉我：小孩子是纯阳之体，一天到晚像“永动机”似的，除了睡觉，就是不停地动来动去。因为活动量大的缘故，他们特别能吃，爱吃香的。

要知道，贪吃是孩子的本性。有句俗话叫“吃饭不知饥饱，睡觉不知颠倒”，就是形容小孩子的。但是，孩子的脾胃功能还未完善，如果吃太多肥甘厚腻的食物，就容易积食，伤到后天之本——脾胃。

家长们要注意了，小孩子生病，积食绝对是个导火索。积食是怎么回事呢？大家都知道，我们的胃是腐熟食物的，说白了就像个“发酵池”，里面是产生、蓄积热量的。如果不停地往胃里塞东西，热量就会越积越多。这时候，孩子就会“生内热”，会表现出来不爱吃饭、口臭、便秘等现象，晚上睡觉还会烦躁不安、哭闹等。如果一受凉（就是外感风寒），那十有八九就会感冒、发烧、咳嗽。这是家长看得到的，还有一些家长看不到的是，小孩子积食时间长了，人就会消瘦、头发枯黄、面色萎黄，甚至影响到身体发育和智力发育。

胃要经常空一空才好

中医上说的五脏六腑，脾是脏，胃是腑。你知道啥是“脏”吗?“脏”就是“藏”，是宝藏的意思，宝藏是要藏起来的，是要视如珍宝的。所以，脾一定要好好调。啥是“腑”？“腑”就是“府”，房子的意思，房子是要通透的，要经常空一空，这样住着才舒服。所以，小孩子的胃，也要经常空一空，这样胃的功能才正常。所以有句老话“欲得小儿安，三分饥与寒”，让孩子饥一点，比饱一点要好，就是这个理儿。

当然，小孩子积食，除了不要让孩子吃得过多过饱以外，还有一点要注意，那就是不要吃得过冷。我有一次跟着全国名老中医、著名的儿科医生郑启仲主任医师坐诊的时候，发现一个病例，后来写成一篇文章，被全国很多家报纸、网络转载。这篇文章说，门诊上发现很多孩子便秘的情况，很多医生都治不好，结果郑启仲教授发现，这些孩子大多是“寒秘”，也就是吃冰箱里的凉东西太多了，结果造成脾胃功能失调，才引起的便秘。所以，家长除了要孩子少吃以外，还要注意少食寒凉。

3 肺是孩子五脏里的“娇脏”，必须娇养

养孩子，把脾胃、肺脏养好了，孩子常见病就会少很多，这才是调理孩子身体的大方向。

接下来再说说肺。小孩子生病，最让家长揪心的就是感冒、发烧、咳嗽、支气管炎、肺炎、哮喘等，这些都是肺脏疾病的表现。

中医说，“肺为娇脏”，为啥这样说呢？咱们的五脏中，只有一个跟外界相通，那就是肺。从生理结构上讲，五脏里，心、肝、脾、肾这四个脏器都在下面，唯独肺像个伞一样，在上面把它们遮挡着。所以中医上说：“肺为清虚之体，且居高位，为诸脏之华盖，百脉之所朝，外合皮毛，开窍于鼻，与天气直接相通，六淫外邪侵犯人体，不论是从口鼻而入，还是侵犯皮毛，皆易于犯肺而致病。”

看，风、寒、暑、湿、燥、火这六邪进犯身体的时候，谁身先士卒？肺！

正因如此，再加上小孩子身体相对孱弱，所以最容易出现呼吸系统疾病。

孩子肺脏功能弱的时候，还容易引起其他疾病，这一点别说家长，很多经验不太丰富的医生都不知道。

孩子肺不好就会得各种病

今年春天，有家报社的编辑约我写一篇小儿常用药的稿子，我就跟

我们医院一个非常有名的儿科大夫、儿科二区的宋桂华主任医师约了一下。当时我问她，现在这个季节门诊上什么病多一些。

没想到宋主任的答案不在我的预想范围内，原本我以为春天气温忽冷忽热，孩子感冒发烧的会多一些，没想到宋主任说，除了呼吸系统疾病这些常见病以外，很多多动症、抽动症、哮喘也反复发作。

问其原因，她说，这就跟孩子的肺脏功能强弱有很大关系。在中医里，春季对应着肝脏，春天人的肝脏功能相对比较旺盛。从五行上讲，肺属金，肝属木。正常情况下应该是“金克木”的（金克木，您可以理解为金属可以伐木），但是，如果孩子的肺脏功能差了，那就会导致“肝木反侮肺金”。

打个最简单的比方来说，猫吃老鼠本是天经地义，但是现在猫都当宠物了，反而会出现老鼠把猫追得四处乱窜的情况。由于一些小孩子的肺脏功能不好，结果不仅呼吸系统疾病出现了，其他的一些本不该发生的疾病也随之而来。

所以，养孩子，把脾胃、肺脏养好了，孩子常见病就会少很多，这才是调理孩子身体的大方向。

4 警惕你的孩子得“三高”

现在的小胖墩太多了，儿童肥胖的危害太大了。门诊上经常发现，很多孩子几岁就得2型糖尿病，在得知是肥胖造成的以后，家长后悔得要命。

我们医院儿科在两年前，专门开了一个小儿生长发育门诊，没想到异常火爆，特别受家长欢迎。我有了孩子以后，也体会到这个门诊为什么火爆了，哪个家长不想自己的孩子长得高高的、结结实实的？哪个家长不希望自己的孩子聪明伶俐呢？

我自己也非常关心自己孩子的生长发育问题，所以经常去找门诊上的专家讨教。有一次，我跟儿科生长发育门诊的郑宏博士说：“门诊上小病号这么多，举办一场公益讲座吧，咱跟省内的很多家报纸都有联系，到时候在报纸上先预告一下，哪些家长想听都可以来听听。”

郑宏博士听了连连称好，她跟我说：“你不知道，门诊上家长问的很多问题其实很有共性。通过讲座，可以系统地给他们讲一讲。另外，现在很多家长在养孩子上，尤其是在孩子成长方面，确实有很多错误的观念，得给他们说一说。”

我问她以什么为题比较合适，她毫不犹豫地说，那讲肥胖吧，现在的小胖墩太多了，儿童肥胖的危害太大了。门诊上经常发现，很多孩子几岁就得2型糖尿病，在得知是肥胖造成的以后，家长后悔得要命。

胖孩子都是被大人宠出来的

讲座当天，郑宏博士讲得非常生动，而且贴近家长的心，引起了大家极大的共鸣。比如，她说，谁都知道大人肥胖不好，但孩子肥胖就好吗？有时候听一些家长说，孩子的爷爷或奶奶是糖尿病、高血脂，他们自己非常忌口，但是一看到自己的孙子孙女，就忘了，就想把所有的好吃的都给他们。吃饭的时候把大鱼大肉使劲儿往孩子碗里夹，出了门看见什么好吃的，孩子一要就给买。

听到这里我想着还真是这样，我想起了自己家的事。记得有一天晚上我们家人吃晚饭，妈妈煮了粥，但是刚开始我以为就是大米粥呢，因为爸爸、妈妈、我、媳妇碗里都是白粥。我端着自己的碗搅了一下，居然发现有一个枣。但是我瞟了一眼儿子的碗里，居然都是枣，有八九颗。这时候我才闹明白，原来妈妈煮的是红枣大米粥啊！

我看到后赶紧把儿子碗里的枣给挑出来，每个人分了一两颗。小孩子最精了，看到他的美食被别人瓜分了，又哭又闹。

把孩子哄住之后我对妈妈说："不是这么宠孩子的，中医讲取象比类，您看那枣红红的、圆圆的，跟个小太阳似的，孩子吃多了就要上火了，一上火就容易受寒，到时候就可能会感冒发烧了。"

有一次同学聚会，同学把她老公和女儿也带过来了。吃饭的时候，这位女同学对她老公说："你少吃点肉，看你都胖成啥样了。"她边说话边把肉往自己女儿的碗里夹。

像这样的情况想必家家都有。

别以爱的名义"害"孩子

接着，郑宏博士讲了小儿肥胖的危害。她说，小孩子肥胖其实跟大人一样，脂肪摄入过多的话，就会诱发高血压、高血脂、高血糖，这在医院上叫“三高”，以前都是中老年人才容易得的病，现在都发生在孩子们身上了。这三高症当家长的要是不以为然的话，就会形成动脉粥样硬化，心脏负荷增加，孩子就有可能得冠心病。

另外，小儿肥胖还会导致胰岛素功能异常、葡萄糖代谢紊乱，这时候孩子就有可能得糖尿病。在肥胖儿童和青少年中，有 21% ~ 25% 存在“隐性糖尿病”，即医学上的糖耐量受损。这是因为在超重和肥胖儿童中，随着肥胖程度的加重，人的身体会对主管降血糖的激素——胰岛素的敏感性逐渐降低，从而导致糖尿病的发生。

医生们在门诊上经常会看到一些不愿意看到的家庭悲剧。比如说，有一个 17 岁的孩子，从小就是小胖墩。有天晚上突然出现昏迷，家人赶紧打 120 送到医院，医生抢救了一夜才抢救过来。原来，孩子有糖尿病家长不知道，最后突然出现糖尿病酮症酸中毒。幸好送医院比较及时，要不然生命就不保了。当然，这是抢救过来的，可能有些孩子就没有这么幸运了。

另外，别看孩子胖乎乎的招大人喜欢，同龄的小伙伴可就不这么想了。首先，胖孩子的形象和不灵活的动作常受到同伴和周围人群的取笑和奚落，使他们经常处于严重的精神压力之下。日久天长，胖孩子会逐渐降低自我形象和自我意识，自动退出游戏圈，减少与同伴和周围人的接触和交往，形成内向、孤独和缺乏竞争力的性格，直接造成智力降低、学习成绩不良、动手操作能力和运动协调性差、社会适应能力降低等。这些社会心理功能障碍会严重影响孩子的自信心，使生活质量降低，甚至会影响他们一生。

当然，小儿肥胖的危害还有很多很多，比如说会诱发呼吸睡眠障碍、女孩月经初潮提前、男孩阴茎短小、胆结石、胆囊炎、膝内翻、膝外翻、平底足等。

试想一下，这样的孩子怎么能够学习好、聪明、身体结实呢？所以，对于出现小儿肥胖的家庭，家长一定要注意给孩子控制体重。当然，给孩子减肥可是一项系统工程，绝对不能像成人那样，采取饥饿疗法、药物疗法等，最好去询问儿科方面的专家。

5 吃得太好了，孩子容易得胆结石

胆结石是一种“富贵病”，因为胆结石的主要成分就是胆固醇。所以，家长一定要注意，要少给孩子吃一些精制食物、高胆固醇食物。

我们医院的国医堂特别厉害，都是由退休的知名老中医在坐诊。某一天，我跟着我们医院国医堂主任医师阮国治坐诊，当时，发生了一件让我感觉非常惋惜的事。

期间，来了一位患胆结石的小病号，这个女孩儿才3岁。女孩儿的父母表示，他们去了很多医院，医生都要求手术摘除胆囊，最后没办法才来求助于中医的。

阮大夫详细给孩子的家长做了解释，又开了中药。家长走了，阮大夫跟我说，胆结石发病的高发年龄是40 ~ 50岁。但是，近年来门诊上发现胆结石的发病年龄越来越小。光他自己这几年在门诊上看的患胆结石的小孩子，不下百十个。由于孩子年龄比较小，也表达不清楚，整天说肚子疼，还常常哭闹，到医院一检查，才发现有胆结石。年龄稍大一些的，会指着右上腹说肚子闷胀。

一般来讲，胆结石既可能出现在胆囊内，也可能出现在肝内胆管中。胆囊是人体的重要器官之一，它在维持人体内分泌平衡、提高人体免疫能力、促进消化吸收等方面起着重要作用。像这个女孩子才3岁，如果这么小就进行胆囊摘除手术，对她将来的成长一定会有影响。

阮大夫说，他给这个孩子开的是清肝利胆、软坚散结的中药。方子很简单：穿山甲 1 克、炒鸡内金 5 克，这两味药有软坚散结的作用；山药 10 克、陈皮 3 克、薏苡仁 5 克，可以强健脾胃；白茅根 5 克、茵陈 6 克，可以清热利胆。

这个小女孩的病深深地印在了我的脑海里。我跟阮主任交代，如果孩子病好了，一定给我打电话，让我去看看。一个多月后，阮主任给我打电话，说那个小孩子刚做了个超声检查，结果提示，结石已经没有了。

胆结石是一种“富贵病”

孩子的父母欢欢喜喜带着孩子走了，我就问阮大夫，为什么孩子这么小就得胆结石？阮大夫说，其实，胆结石是一种“富贵病”，因为胆结石的主要成分就是胆固醇。所以，关于儿童、青少年的饮食，家长一定要注意，要少给孩子吃一些精制食物、高胆固醇食物，要让孩子建立健康的饮食习惯和合理的饮食结构，食物要荤素搭配、粗细粮搭配，食入蛋白和脂肪要适量。

另外，很多孩子不爱吃早餐或者早餐不规律，也是造成胆结石的一大原因。这主要是因为胆囊是存储胆汁的重要器官，人在进食之后肠道会分泌出一种叫胆囊收缩素的内分泌激素，胆囊收缩就会把胆汁排到十二指肠中，参与食物的消化和吸收。如果不吃早餐，胆汁就无法定期排出，会使胆汁浓缩，促使结石的产生。

我小的时候，是 20 世纪 80 年代，那时候普遍都穷，家里有鸡蛋、肉、糕点之类的东西，都是当成宝贝一样让给孩子吃的。但是，现在不一样了，大家的生活条件好了，家长要改变思想了。咱们日常生活中吃的东西已经完全能够满足孩子身体的需求了，营养太高的东西如果让孩子吃多了，反而会对孩子的身体造成伤害。

6 滥用激素、抗生素是在透支孩子的生命

很多家长在对待孩子的疾病方面，太急功近利了，一发烧马上就想着退烧，一咳嗽马上就想着消炎。所以，滥用激素、抗生素的现象非常普遍，经常把孩子治得一塌糊涂。

在我们医院，有个看小儿常见病和疑难病非常好的专家，叫赵坤。我由于工作原因，每年都会请她做一次健康讲座。一方面，她讲得确实非常好；另一方面，家长也特别需要。在报纸上发了预告以后，很多家长都来听。

每年她进行讲座的时候，都会苦口婆心地提到激素、抗生素的问题，希望引起家长们的重视。

她说，很多家长在对待孩子的疾病方面，太急功近利了，一发烧马上就想着退烧，一咳嗽马上就想着消炎。所以，滥用激素、抗生素的现象非常普遍，经常把孩子治得一塌糊涂。

比如说，在门诊上经常碰到有些孩子反反复复得化脓性扁桃体炎，一个月一次、一个月两次这样频繁，每次都是用抗生素，用退烧药，用激素。结果家长可能不知道，孩子若干年以后可能就会发生恶性肿瘤，尤其是发生结缔组织病的概率非常的高。

尤其是激素的使用。咱们现在很多的省市级医院都比较注意了，使

用激素的情况也比以前大大减少了。但是，有时候到一些地市级、县级医院或者乡村卫生院去讲课、会诊的时候，就发现很多小孩子一发烧，用药几乎都是“三联”：复方氨基比林、柴胡、地塞米松。这个地塞米松是个长效的激素，小孩是不能轻易使用的，尤其是在婴儿时期，一定要非常慎重地用。

但是，现在很多地方都把它们当成常规用药了，有些家长也给孩子拿激素当饭吃了。这样时间久了，就给孩子将来生大病埋下祸根。

7 孩子不爱学习，很可能是身体出问题了

很多孩子不爱学习，成绩差，家长往往怪罪于孩子，认为是笨、偷懒什么的，而孩子有苦说不出，因为他们不知道自己已经生病了。

比如说哮喘吧，孩子因为哮喘反复发作，他学习怎么能好呢?

以前我跟专家坐诊的时候，碰到一些患有鼻炎的孩子。他们不是因为鼻炎到医院看病，而是因为家人发现孩子学习成绩下降了，到医院一检查，才发现孩子有鼻炎。当时专家说，孩子有鼻炎，鼻孔不透气，大脑缺氧，记忆力当然不好。

当时我对这话没感觉，但是在 2008 年，我得了一次重感冒，感冒过后一个月，鼻子都不透气。当时我以为感冒还没有好，后来找专家一看，原来是鼻炎。此后，由于一个鼻孔不透气，我整天记忆力特别差，这边说要拿着书去上班，去换个拖鞋就忘了。所以说，不是孩子不愿意学习好，是他的身体条件不允许。

出现这种情况时，家长一定要调理好孩子的身体，不要盲目责怪孩子，否则，在这种压力下，孩子学习上不去，身体还会越来越差。

第2章

如何让孩子不挑食、脾不虚

8. 积食是引发孩子大部分疾病的第一张“多米诺骨牌”
9. 长期腹痛，积食可能是祸首
10. 孩子积食了，揉肚子有讲究
11. 给孩子捏脊、揉双手四缝穴，就能解决长期积食
12. 偏食、厌食、营养不良，多给孩子捏捏脊
13. 推脾经，可以让孩子长得高，长得壮
14. 揉板门，让孩子吃饭香
15. 孩子先天体质差，每天给他揉足三里

8 积食是引发孩子大部分疾病的第一张“多米诺骨牌”

“食物”是什么？说白了就是能量、热量。如果孩子吃得过多，就会积食生内热，中医上叫“积食郁热”，老百姓叫“食火”。会引起孩子咳嗽、莫名发热、反复呼吸道感染、便秘等很多毛病。

我跟儿子回老家玩的时候，路边有几块砖，我来了兴致，就跟儿子玩起了“多米诺骨牌”的游戏。我把这些长条形的砖一个个立起来，排列整齐，每块砖中间间隔几厘米的距离。然后我抓着儿子的手，一推，所有的砖一块接一块倒下去，最后全都倒了，儿子看完开心地大笑了好久。那个游戏我们一连玩了两天，儿子不厌其烦，每次看到砖一块块倒下，最后全倒的时候，都会笑得不亦乐乎。

但是在这里我想说的是，积食是孩子生病的第一张“多米诺骨牌”。

2013 年 9 月底的时候，应腾讯大豫网很多网友的要求，大豫网的记者跟我联系，想请黄牲大夫去做一个讲座。这个提议得到了黄牲老师的赞同，他当时就说：“得给这些家长讲讲，在门诊上碰见很多孩子生的病，都跟家长养护不当有关。尤其是积食，不能光想着啥好就让孩子吃啥。”

讲座当天，现场果然火爆异常，甚至有很多家长从外地赶到郑州来参加这个讲座。黄牲老师就以“百病‘积’为先”为题，进行了专门的讲解。

黄牲老师说，“食物”是什么？说白了就是能量、热量。如果孩子吃得过多，就会积食生内热，中医上叫“积食郁热”，老百姓叫“食火”。

说白了，就是吃得过多，或者过于高营养，超过了脾胃消化吸收功能的最大限度。这时候很多食物不能被及时地消化吸收，它会损伤脾胃的功能，使消化吸收功能更差，因而形成积食。

食物没有被及时地消化吸收，就会郁积生热化火。我说积食是孩子生病的第一张“多米诺骨牌”，是因为如果有积食了，就相当于第一张“多米诺骨牌”要倒了，那将会给孩子带来很多家长都想不到的问题。

很多家长都不知道积食会引起孩子咳嗽

积食会导致咳嗽，也就是中医上说的“食咳”。这在古代的医书上有很多记载，比如《内经》：“食于胃，关于肺”；《医学入门》：“食咳因积食生痰，痰气冲胸腹满者”；《脾胃论》：“脾虚肺最受病”。

很多家长不理解，脾和肺是两个器官，积食怎么能引起咳嗽呢？这从中医上就能解释得通了，因为五脏之间都是有联系的。脾为生痰之源，肺为贮痰之器。积食过久，脾胃虚弱，日久就容易生痰，导致咳嗽不止。

所以说，看那些食咳的孩子，大多有积食化热的症状，比如说肚子胀、不爱吃饭、嗳腐、口臭、手足心热、大便干结或便秘，舌质偏红、舌苔厚腻等。这时候给孩子用一些消食和胃为主、肺胃同治的药，效果就会特别好。

孩子莫名发热也是积食惹的祸

积食导致的发热叫“积热”，吃的食物都停滞在中焦，积滞时间长了就会化热，热蒸于内，孩子体温就上去了。

这类孩子大多面黄、腹胀、吐泻、乳食不化、大便酸臭异常，这都是积食引起的。《脉经》中就说：“孩子有宿食，尝暮发热，明日复止，此宿食热也。”

积食还可能引发孩子肺炎

积食为什么会导致肺炎？这也是一套“多米诺骨牌”：积食伤脾→脾虚生痰→痰贮于肺→痰阻肺道→郁久化热、伤肺。

你看那些得肺炎的孩子，大多身体都不是太好，这跟积食时间长有关。脾虚日久→土（脾）不生金（肺）→肺阴亏虚→阴虚内热→子盗母气→脾气更虚。

黄大夫为啥看孩子病那么神？他就明确跟家长们讲，脾虚生痰，郁热炼液为痰；而痰贯穿于孩子肺炎疾病全过程，是孩子得肺炎的重要因素。

所以，门诊上很多得肺炎的孩子，把脾胃功能调好了，肺炎也跟着好了。

中医上有“杜痰”的说法，可以预防肺炎。为啥是这个“杜”呢？防微杜渐嘛，“杜”是杜绝的意思。

孩子积食还会造成反复呼吸道感染

门诊上还经常见到一些小孩子有反复呼吸道感染，一生病就输液，再生病再输液，反复输液，孩子身体越来越差。其实，孩子反复呼吸道感染也与脾胃功能障碍有关。

上面说过，积食会导致脾胃功能失调，进而影响到肺，但是“肺主皮毛”，所以有积食的时候小孩子体表一受寒，就容易反复呼吸道感染。

孩子积食还可能引发咽炎

咽炎，中医上叫“喉痹”。咽喉是肺胃的门户，积食的时候容易“化火”，而火的特性是向上的，所以就会上攻到这个门户上，小孩子就容易生喉痹。

所以，中医上给孩子治咽炎的时候，除了用解毒利咽的药以外，再给孩子用一些消积清热的药，病就好得快。

孩子积食还可能引发头痛

头疼本来是成人才容易犯的毛病，但是经常有些小孩子也嚷嚷头痛，最常见的表现是前额疼，这是为什么呢？病根儿还是在积食上。

中医最大的优势在于整体观，前额属脾胃，两侧属肝胆，头顶属心肺，后脑属肾。孩子前额疼，那就是脾胃出了问题。

孩子积食还可能引发便秘

再说一个积食与便秘的“多米诺骨牌”。古代有个小儿方面的医书非常有名，叫《幼科发挥》，上面说：“太饱伤脾”。太饱一方面可以理解为吃得太饱，也可以理解为腹胀、积食。

所以，就会有：太饱伤脾→脾常不足→脾胃运化不及→积滞肠腑→积久化热→积热蕴结→肠道传导失常→大便秘结不通。

有些家长一看孩子便秘了，给孩子吃点泻药吧！虽然当时有用，但过后更严重。因为它的病根儿不在那个位置。

打个形象的比喻，您可以把积在肠道里的大便想象成船，肠道里的水少了，大便下不去，那就“增水行船”。多让孩子喝水，河（肠道）里的水多了，船自然就能起动了。

如果孩子便秘比较轻，多让孩子喝水就可以解决了。如果孩子便秘比较严重，那可以吃一点消积导滞的中药，很快就能减轻了。

孩子积食还可能经常拉肚子

中医上说，“脾宜升则健，胃宜降则和”，就是脾气往上走，胃气往下降，只有二者的功能协调才能保证我们所吃的东西能够被正常消化、吸收和排泄。积食常与“风寒”“湿热”“暑湿”之邪相兼并存，交结胃肠，导致脾胃的升降功能失常，这时候人就难免拉肚子了，并且腹泻反复发作，难以治愈。

在门诊上，家长一般分两种。一种是“不懂不问”，把啥都交给大夫。还有一种是“自作聪明”，大夫开的药，他自己给减个半啦，换个药啦，加个药啦。还有些家长会“问”（客气地说叫问，不客气地说叫吼）大夫：“孩子都烧两天了，为啥不给开抗生素？”

给积食腹泻的孩子开药的时候，有些家长懂点中医中药，会反问大夫：“孩子拉肚子都拉成这样了，咋还给开通肚子的药呢？”

哎，这一点得让家长们长长学问。中医上有个说法叫“通因通用”，说白了就是“以通治通”。《素问·至真要大论》中就明确说：“寒因寒用，热因热用，塞因塞用，通因通用，心伏其所主，而先其所因。”

就拿积食腹泻来说吧，食滞内停，阻滞胃肠，导致腹痛泄泻，这时候不仅不能止泄，相反，当消食导滞而攻下，推荡积滞后，积食去而泄自止。

孩子积食还可能引发盗汗

再说个“多米诺骨牌”：食滞肠胃→郁蒸化热→热蒸津液→外泄为汗。小儿为纯阳之体，夜寐则阳入于阴，加之积热内蕴，所以晚上盗汗情况比较严重。

这类孩子，用一些消积泄热的药，很快盗汗就消失了。

孩子积食还可能引发舌苔剥脱

孩子舌苔剥脱与现代医学的小儿地图舌相似。由于乳积食滞，郁久化热，蕴结心脾，火热上熏，就造成了舌苔剥脱。

治以消食导滞、清心泻脾热的药，很快就好。

孩子积食还可能引发贫血

积食容易导致脾虚，而脾为气血生化之源，所以积食时间久了，小孩子容易血虚。从西医上说，孩子脾胃不好，就容易偏食厌食挑食，营养不均衡，时间长了就会贫血。所以，贫血的时候也应当调理脾胃。

孩子积食还可能引发惊啼

《素问·逆调论》中说："胃不和则卧不安"。所以有：食滞于中→气滞不行→胀满、腹痛→不眠不安。另外，还会积滞化热→内扰心脾→惊啼不止。

孩子积食还可能引发荨麻疹、丘疹样荨麻疹

孩子积滞日久，容易损伤脾胃，导致郁而化热、聚湿生痰。而脾主肌肉四肢，这时候，一方面，热、痰、湿相合，外发于肌腠，容易导致荨麻疹等；另一方面，脾胃损伤，易感外邪。这时候内有积热，外有外邪，内外交攻，就容易郁于肌腠而出现荨麻疹等疾病。

此时，光用一些外用药肯定不行，还要加上消食和胃的药，孩子自然病就好得快了。

其实，孩子积食的危害还有很多，在此便不一一列举。

我自己也有一些偏胖。有一次我跟我们医院内分泌科肥胖门诊的岳

新副主任医师聊天的时候，他说的话让我印象深刻。

他说，中国人对“主食、副食”的定义还是很准确的。什么是主食？说白了就是主要的食物。什么是副食？说白了就是配着当点缀作用的食物。咱们到餐馆吃饭，人家会问，要什么主食？其实主食就是面条、米饭之类的，而肉、鱼等不归到主食而归到副食里。但是，咱们现在生活条件好了，把主副食都弄反了，到饭店吃饭的时候，总是先把副食点一桌子，最后再上一小碗主食。所以人才会越吃越胖。

因此，咱们平时吃饭的时候，应当以主食为主。多吃米、面食，肉啊、鱼啊什么的夹几口尝尝就成了。

小孩子亦是如此，把副食当主食，孩子吃多了肯定就会积食，积食了就容易生内热，容易外感风寒引起感冒发烧咳嗽，容易吃不下饭导致偏食厌食营养不良，等等。

希望家长注意，不要把主副颠倒，不要自己去推倒积食这第一张“多米诺骨牌”。

9 长期腹痛，积食可能是祸首

用盐包热敷肚脐周围是个不错的消积食方法。具体做法是，把粗盐装进一个小布袋里，放入微波炉里加热，然后每天在孩子脐周热敷。

黄甡在河南，那可是家长心中“神”一样的人物，看小儿病有绝活儿。每次只要是他坐诊，那门诊诊室外面，人是里三层外三层。不仅如此，病人家长还自发地维持秩序，谁几号该谁看他们都给整得井井有条。可见，家长对孩子的病真是上心啊！

我跟着专家黄甡坐诊，来了一个小病号叫小玲玲，3 岁，近一个月来经常出现阵发性腹痛，检查时黄大夫问：“是不是拉过臭臭以后肚子会好受一些？疼痛会轻一点？”小玲玲点了点头。

这种肚子疼跟积食有直接关系。

黄甡说，出现肚子疼的时候，许多家长会首先想到急性阑尾炎、急性肠梗阻等急腹症。但临床中急腹症引起的腹痛多是持续性的疼痛，并且部分患儿疼痛会异常剧烈。孩子过敏性紫癜虽然也可引起腹痛，但多伴有两腿间的对称性红疹。而对于孩子长期慢性腹痛来讲，积食是一个最常见的诱发原因。

如果孩子是积食腹痛，可在医生的指导下选用消积、导滞、理气的中药进行综合治疗，比如说，可用既能理气又可消食的白蔻仁、砂仁，再配上具有理气和胃作用的木香等。如果孩子疼痛太明显了，就再加上具有止痛作用的元胡等，效果会比较好。但是，对于轻度的积食腹痛，巧用“盐”和“白萝卜”完全可以应对。

用盐包热敷肚脐周围是个不错的消积食方法。具体做法是，把粗盐装进一个小布袋里，放入微波炉里加热，然后每天在孩子脐周热敷。中医将肚脐命为“神阙穴”，认为它是人体体表重力场的中心，对人体中的外表物质有强大的收引作用。而盐具有软坚散结的作用，当热盐敷在脐周时可间接达于肠胃，进而可以软化肠道中积滞的食物，起到消积导滞的作用。

现在大街上卖的白萝卜也是个消积的好东西。家人可把萝卜洗干净后熬水给孩子喂服，从而起到理气、消食、化痰的目的。另外，把生白萝卜捣成泥，敷在肚脐周围，因为生白萝卜味辛香走窜，入肺胃经，也可促进肠道蠕动，达到与热盐异曲同工之妙。

10 孩子积食了，揉肚子有讲究

消孩子积食的特效摩腹法：把四个手指并拢，放在他的肚子上。然后轻轻盘旋状揉动，顺时针36次，逆时针9次。顺揉为清，逆揉为补。连续揉上30分钟即可。

孩子积食就会胃里不舒服，这时候就会烦躁不安。即便是成年人，在肚子胀、胃里积的时候，也会觉得心口就像压了一块砖一样，感到闷、烦、无心做事，更何况小孩子呢？但是小孩子不会用语言表达，所以只能是哭闹。

儿子七十三天的时候，晚上我下班回家，看到母亲在逗孩子玩，就凑上前去。

我抱上孩子，妈妈让我陪孩子玩一会儿后，要再给他揉揉肚子。妈妈还跟我"告状"说："这孩子今天闹了一上午，以前闹的时候只要一吃奶立马就停了，今天啥都不管用了。中午我一摸他的小肚子，圆鼓鼓的，想着孩子消化不好，也可能是有热了。下午一点和四点的时候，我给他揉了四五十分钟，揉完后他都连放几个屁，然后就安静了。"

我当时听了心里很震惊，妈妈是位小学毕业的老农民，怎么连小儿推拿都会？我又问妈妈是顺时针还是逆时针给孩子揉的，妈妈回答："先顺时针，再逆时针。顺时针的次数多一些，逆时针的次数少一些。最后再从上到下给孩子顺顺气儿。"

我听了更震惊了，因为这是小儿推拿手法中的“摩腹法”啊！

我又问妈妈从哪儿学来的。“你小的时候你姥姥教给我的！”妈妈不以为然地说。

第三个“震惊”从心里冒出来了！看来，如果孩子不舒服的话，当爸妈的应该是最好的保健师啊！

以前我曾经问过全国名老中医、小儿推拿方面的权威高清顺教授。他曾经跟我说过，从中医上讲，经过肚子的是脾经、肝经和肾经，通过摩腹可以达到调节肝、脾、肾三脏功能的作用，让身体里“痰、水、湿、淤”的积聚自行散开。从现代医学上讲，人的肠道分别是升结肠、横结肠、降结肠等组成的，所以顺时针摩腹可以起到促进肠道蠕动的作用。

唐代名医孙思邈也说过：“腹宜常摩，可祛百病。”

摩腹的方法很简单，把四个手指并拢，放在他的肚子上。然后轻轻盘旋状揉动，顺时针 36 次，逆时针 9 次。顺揉为清，逆揉为补。连续揉上 30 分钟即可，对孩子的脾胃非常好。

如果揉的时候孩子的肚子咕咕叫，说明出现了肠鸣音，或者孩子在排气，家长也不用紧张，这是正常现象。

通过上面的事我更是深深地感受到，中医是与中国的文化密切融合的。以前总有人说要废除中医，这是不可能的，除非把中华文化也遗弃掉。

11 给孩子捏脊、揉双手四缝穴，就能解决长期积食

捏脊疗法适合5岁以下的孩子，因为这个方法没有副作用，还可以提高免疫力，很受家长欢迎。如果能配合揉捏双手四缝穴，效果更好。

有次我跟高清顺大夫坐诊，一位母亲带着自己的孩子来找高清顺大夫看病。这位母亲说："我的儿子一岁半了，好像有积食一样，每次吃饭都是我在后面追着，一口口喂。后来我尝试着用唱歌哄他，但我唱一句他只吃一口。哪口吃不对了，还会呕吐。他最近瘦得特别厉害，看着他的小脸，我很着急。我自己也经常看一些孩子类的医学书，有一次发现居然能够'对号入座'——大便酸臭，头发干稀无光泽，夜卧不安，喜欢趴着睡，这些积食的症状他都有！"

这位妈妈顿了顿说，带着孩子找了好几个大夫，效果都不太好。最近上幼儿园了，又开始生病了，隔三岔五就生病。听说老中医高清顺推拿治疗孩子常见病有绝活儿，就来看看。

高主任给孩子做了检查后说，确实跟积食有关，一是孩子积食已久，需要经常来治疗；二是早起别吃饭，空腹治疗效果最好。

这位妈妈听了说，工作非常忙，这两点恐怕都做不到。高大夫想了一下，回答说："教你两招，在家就可以给孩子解决了。一是捏脊，二是揉四缝穴。"高老师开始在孩子身上演示，这位妈妈跟着学，很快就学会了。

高老师先是让孩子趴在治疗床上，然后**从大椎穴（正坐低头，脖子**

正中最高椎突处）开始，用双手食中指和拇指将脊柱两旁皮肤捏起，两手不放松（即捏住皮肤不能掉），交替向前推动，一直推到孩子臀沟的长强穴。一般沿着脊柱，由上向下推捏 4 遍，再由下向上推捏 6 ~ 8 遍。每天一次，15 天为一疗程。一个疗程结束后，休息 5 天后可以开始下一个疗程。

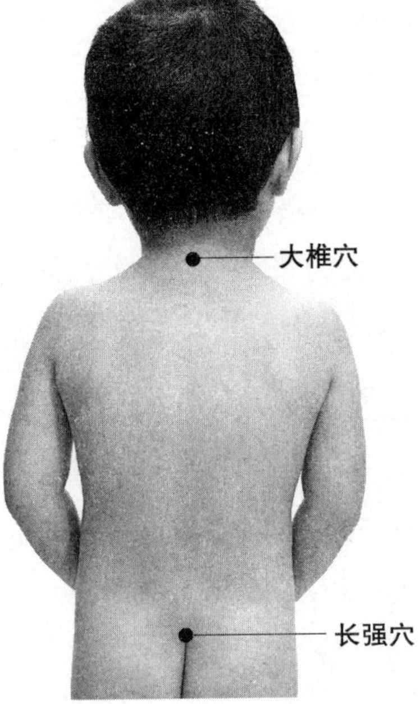

高老师说，捏脊疗法适合 5 岁以下的孩子，因为这个方法没有副作用，还可以提高免疫力，很受家长欢迎。但是需要注意的是，孩子皮肤娇嫩，推捏以前，要在局部抹些爽身粉或香油。操作前，要把指甲剪短，打磨一下。如果能配合揉捏双手四缝穴，效果更好。

四缝穴每只手上有 4 个，因它位于掌心朝上，从食、中、无名、小指指尖朝下数，第二个关节的横纹中央，故称“四缝”。搓揉这 8 个穴位时，要有一定力度。你可用自己的大拇指指腹在上，食中指在下，沿着

孩子的小手指，一直揉捏到食指，每个穴位揉 40 次左右。

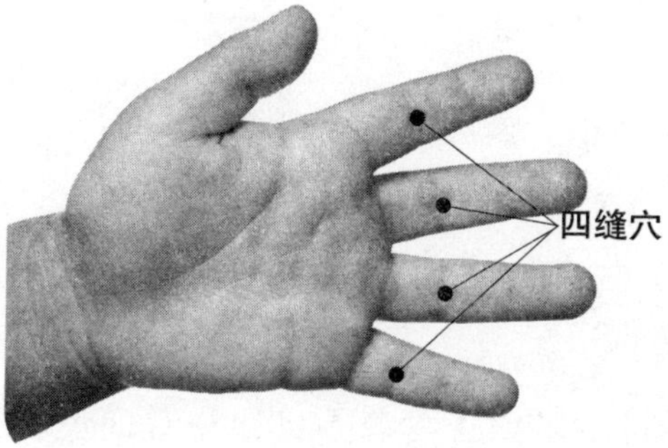

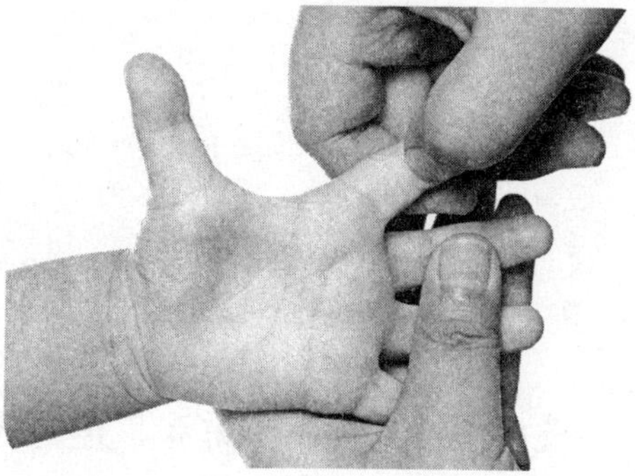

大约有两个月的样子，我去高老师的门诊上，没想到又碰到那位妈妈了，她说，儿子已经胖了三斤，也爱吃饭了，身体也没以前那么瘦了。她以后还会坚持给孩子按。

看到这位妈妈说话时的表情，我心里也是若有所思。其实，偶尔给孩子做做推拿不算什么，关键是一坚持就是几个月，这是非常难能可贵的。父母对孩子的爱真是深沉得难以言表。

12 偏食、厌食、营养不良，多给孩子捏捏脊

经常给孩捏脊的好处：消积食、预防呼吸系统感染、让孩子睡得香。

现在生活条件虽然好了，但是还有很多孩子营养不良，一看面色就知道，土黄土黄的。有一次我跟着马丙祥主任医师坐诊，来了个小孩子，两岁多。我一眼就看出孩子有三大特征：一是脸色黄，二是瘦，三是头发稀。

马丙祥主任又问了问孩子的母亲，那位妈妈说，孩子挑食挑得很，很多青菜都不爱吃，他马上就要上幼儿园了，就带他来调理一下。

面色土黄的表现许多家长都了解，这类儿童多有营养不良、厌食、偏食等症状。可是他们对为什么厌食偏食就会导致面部土黄却不得而知。

马丙祥主任说，从中医角度讲，脾胃乃仓廪之官，后天之本，津液气血及精气化生之源。如果孩子的脾胃虚弱，对食物的吸收能力降低，就会导致五脏失养、阴阳失衡，久而久之，五脏六腑得不到后天水谷精气的充养，导致气血不足，这时候就会面色土黄。

面色土黄的孩子多有懒动、偏食、厌食、大便不调等症状，在治疗上有两大原则：以健脾益胃为主，兼以消积导滞。

这种病家长就可以治，方法很简单，捏捏脊就可以了。方法很简单，让孩子趴在床上，背部保持平直、放松。家长站在孩子后方，两手的中指、无名指和小指握成半拳状。食指半屈，用双手食指中节靠拇指的侧

面，抵在孩子的尾骨处；大拇指与食指相对，向上捏起皮肤，同时向上捻动。两手交替，沿脊柱两侧自长强穴（肛门后上 3~5 厘米处）向上边推边捏边放，一直推到大椎穴（颈后平肩的骨突部位），算做捏脊一遍。每天每天 5-9 次即可。

马丙祥主任说，脊柱上与脊柱旁分别是人体督脉与太阳膀胱经的所在，按捏脊部可以督一身之气、调理脏腑、疏通经络，对于改善孩子厌食之症有很好的效果。当然，家长还可在医生的指导下配合吃些健脾益气的中成药，如健儿消食口服液、参苓白术散等。

大约有一个月的时间，我在医院里碰到马主任，就问他那个孩子怎么样了，马主任说，前两天还来复查了，孩子的脸色已经变过来了，体重也增加了一些，吃饭也香了。

经常给孩子捏脊的好处

首先是健脾胃。孩子的脾胃非常薄弱，又不知道饥饱，如果吃了过多高能量的食物，如油炸食物、甜腻食物、高蛋白食物，会因不能完全消化、吸收而影响脾胃功能，形成积滞、厌食；消化不良还可能引起腹泻；其他感染性腹泻会迁延变为脾胃虚弱。这些脾胃疾病都可用捏脊疗法来治疗。

其次是预防呼吸系统疾病。说到发烧、支气管炎、肺炎等，很多家长的脸色都为之一变。其实，孩子反复感冒、咳嗽，西医称为免疫功能低下，中医则认为是孩子卫外功能薄弱，阴阳不调。捏脊通过刺激督脉和膀胱经，能调和阴阳，健脾理肺，从而达到提高免疫力、减少呼吸系统感染的作用。

再者是让孩子睡得好。中医有句古话：胃不和则卧不安。捏脊疗法能调理脾胃，使之正常运转。脾胃功能正常了，孩子就不会有腹胀、腹痛、胃脘饱胀的现象，自然能够安然入睡了。

所以，每天早晚给孩子捏上三五分钟，就可以预防很多疾病。每个家长都很心疼自己的孩子，何不用这种方式来疼他呢?

13 推脾经，可以让孩子长得高，长得壮

补脾经有两种手法，第一种是让孩子的大拇指自然伸直，沿着拇指桡侧边缘由远端向掌根方向直推为补，称补脾经。第二种是推大拇指的末节上的罗纹面，就是“脾经穴”，您可以抓着孩子的小手，用大拇指旋推，150 ~ 300 次即可。

看看咱们的大自然，万事万物都是从哪儿出来的？当然是土，所以土为万物之母。中医把脾脏的属性归到“土”中，脾属土，为什么呢？从人身体上来讲，脾跟土是一样的。

脾为人体的气血生化之源，脾不好，吃到肚子里的食物不能转化为气、血输送到全身各处，各个脏器的功能就不能正常运转。

所以，脾虚的话，会给孩子带来各种各样的毛病。全国名老中医高清顺跟我说，脾跟胃互为表里，脾不好胃也好不到哪儿去。所以，大夫一般会说脾胃虚弱。

脾胃虚弱了，孩子的营养吸收出了问题，个子就会比别的孩子小，体重会比别的孩子轻，发育会比别的孩子晚，精神头会比别的孩子差。同样大的孩子，人家的都会走了，你的才刚会站；别人家的孩子说话都清晰流利了，你家的孩子还支支吾吾。急人！

脾属土，肺属金。土可以生金。脾土不好了，肺金的功能也会跟着变差。所以，你看那些脾胃不好的孩子，就容易感冒发烧咳嗽。天稍一

凉就感冒，气温稍一变就发烧，就跟温度表似的，准极了。

脾为后天之本，肾为先天之本。先天生后天，后天养先天。肾藏精生（脑）髓，所以，脾胃虚弱的孩子精气神也会不太好，不爱动。别人的孩子跟雨后春笋似的，一天一个样，茁壮成长。再看看有的孩子，目光呆滞，懒动少言。小孩子正是“长见识”的时候，整天不爱动，智力发育怎么能跟得上呢？

脾胃虚弱的孩子要多推脾经

高清顺老师说，脾胃虚弱的话，孩子推拿健脾胃效果非常好。家长每天只要花上几分钟，就能让孩子的脾胃强强壮壮的。

推脾经分补脾经、清脾经和推脾经三种。补脾经有两种手法，第一种是让孩子的大拇指自然伸直，沿着拇指桡侧边缘由远端向掌根方向直推为补，称补脾经（反方向从掌根直推到指尖，就是清脾经了。由于孩子的脾胃尚未发育完善，所以一般不主张家长给孩子清脾经）。第二种是推大拇指的末节上的罗纹面，就是“脾经穴”，您可以抓着孩子的小手，用大拇指旋推，150 ~ 300 次即可。

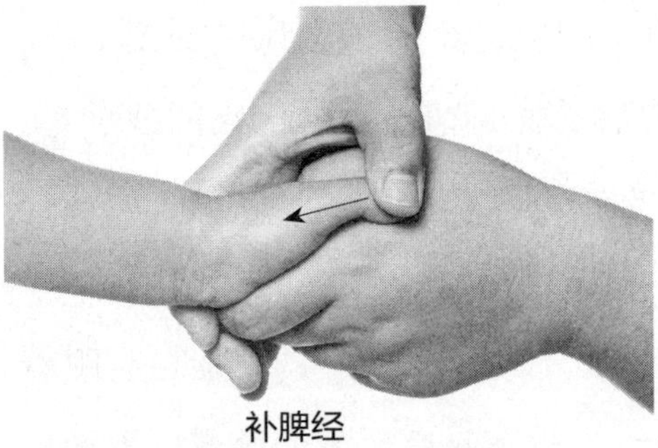

补脾经

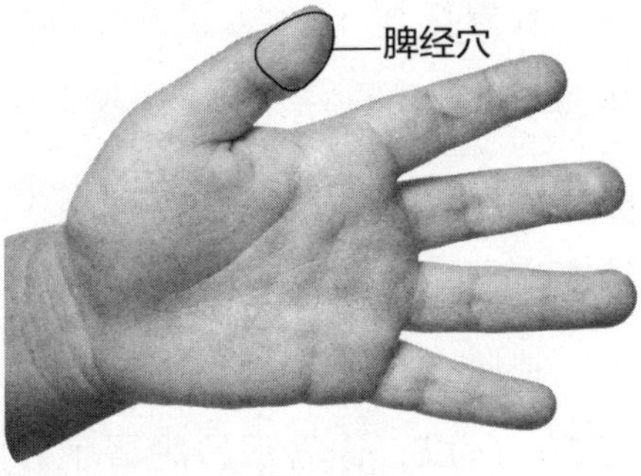

如果您的孩子脾虚，表现为面色萎黄无华，体倦乏力，形体偏瘦，厌食或拒食，或稍微多食大便中即有不消化残渣，大便多不成形，易出汗，平时易反复感冒等，就可以每天给孩子进行“补脾经”300次。如果孩子健健康康的，就可以“推脾经”，就是把补脾经和清脾经结合起来，来回推上100~300次，这对孩子的消化很有帮助。

在这里多说一点，我们看这个“脾”字，左边为“月”，右边为“卑”，“月”的意思是器官的代表，像“脏、腑、胃、肝”等字都带有“月”字旁。而右边的“卑”是“低下、小”的意思，比如说卑职、卑微等。所以，要想让孩子的脾脏好，就得多让孩子吃些看起来不值钱、不太好的（这些食物是相对来说的），比如粗粮啦、蔬菜啦，如果你天天让孩子吃好的吃香的，大鱼大肉，鸡蛋牛奶，反而会伤害到脾脏。

我有一次带一个朋友的孩子去找博士生导师、国家二级教授、全国名老中医丁樱看病。到了她的诊室，正听见她在跟一个家长叮嘱，有句俗话叫“四季脾旺不受邪”，当时我听了觉得非常有道理。如果孩子一年四季脾胃功能好好的，那就会很少生病，甚至不生病了。

14 揉板门，让孩子吃饭香

左手握住孩子的手指，用右手拇指蘸滑石粉或婴儿润肤露，按揉板门穴300次左右，顺时针或逆时针都可以。它对治疗孩子积食、腹胀、食欲不振、呕吐、腹泻、嗳气等都有很好的作用。

我儿子自从快一岁会走路以后，顽皮的本性便显露无余。晚上吃饭的时候，他总是在客厅里跑来跑去，有时候去坐到玩具堆里，有时候还爬到电视柜上。我的老爸老妈就跟着这个小家伙，千哄万哄地让他吃饭。每次我都会跟他们说，不用管他，饿了他自己就吃了。可是一次他们都没有听过。

后来我想过这个问题，孩子吃得再多，家长都开心。但是，少吃一口就不行，更别说一口都不吃了。

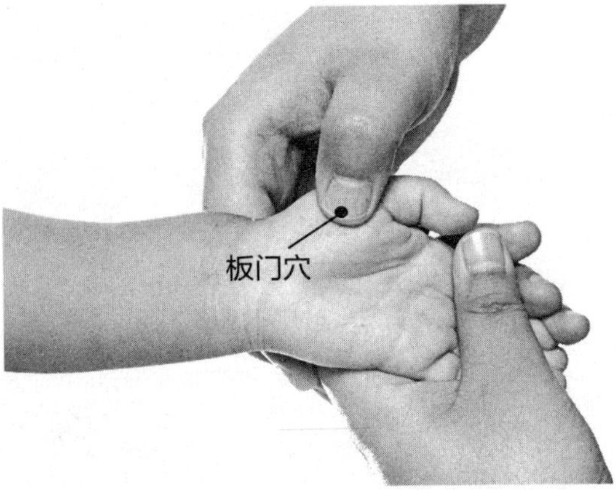

有天晚上，临睡前我陪儿子在床上玩，一摸孩子的肚子，胀得跟个小鼓似的。我心想，肚子胀成这样，怪不得他不吃饭。

一看表，才晚上九点，时间尚早，我就打电话给我们医院儿科的主治医师高山老师，问他有没有什么好方法。高老师说，可以试试给孩子揉揉板门穴。

板门穴很好找，就在孩子手掌的大鱼际上。大鱼际也很好找，我们的手掌正面大拇指根部，下至掌根，伸开手掌时明显突起的部位就是。推的方法也非常简单，左手握住孩子的手指，用右手拇指蘸滑石粉或婴儿润肤露，按揉板门穴 300 次左右就可以了。按揉时，顺时针或逆时针都可以。它对治疗孩子积食、腹胀、食欲不振、呕吐、腹泻、嗳气等都有很好的作用。

当天晚上我就给孩子揉板门 300 次，第二天早晨起床以后，我又逗着他给他揉了 300 次。没想到第二天晚上我一回家，妈妈就对我说："这孩子今儿个就跟个'臭兜兜'似的，一天拉了四次。"晚上吃饭的时候，这个小家伙乖乖地坐在他的小板凳上吃得啧啧有声。

15 孩子先天体质差，每天给他揉足三里

足三里是个好穴位，强壮小儿作用非常好。以两拇指指腹放在孩子腿部两侧足三里穴位置，一般力度保持在让皮肤凹陷2至3毫米，左手逆时针，右手顺时针方向旋揉2至3分钟，频度每分钟80至100次。

我虽然不是学医的，但是在医院时间久了，再加上经常找专家采访写一些科普文章，所以医学知识慢慢地也积累了很多，中医的经络穴位什么的也都知道一些。

有一次我去高清顺教授门诊上做采访，他正给一个孩子揉足三里。我就随口问道，为什么给他揉足三里啊？

高老师说，这个小孩儿是个早产儿，生下来体质就不好，经常生病，他妈妈带他来这里让给做做推拿。揉足三里是有说法的，民间有句俗话叫“揉揉足三里，胜吃老母鸡”，还有一句话叫“若要安，三里常不干”。

足三里是个好穴位，强壮小儿作用非常好。足三里穴是足阳明胃经的主要穴位，它具有调理脾胃、补中益气、通经活络、疏风化湿、扶正祛邪的作用。现代医学对这个穴位做了很深入的研究，结果证实，如果用针刺或者艾灸足三里的话，可使胃肠蠕动更加有力、更加规律，并能提高多种消化酶的活力，增进食欲，帮助消化；在神经系统方面，可促进脑细胞机能的恢复，提高大脑皮层细胞的工作能力；在循环系统、血液系统方面，可以改善心功能，调节心律，增加红细胞、白细胞、血色

素等；在内分泌系统方面，对垂体 - 肾上腺皮质系统功能有双向性良性调节作用，提高机体防御疾病的能力。

高老师给孩子推拿的时候，以两拇指指腹放在孩子腿部两侧足三里穴位置，一般力度保持在让皮肤凹陷 2 至 3 毫米，左手逆时针，右手顺时针方向旋揉 2 至 3 分钟，频度每分钟 80 至 100 次。

孩子的妈妈说，在高老师这已经推了有一个月了，以前隔几天就要生一次病，不是感冒就是发烧，现在推了一个月，期间一次也没有生过病。

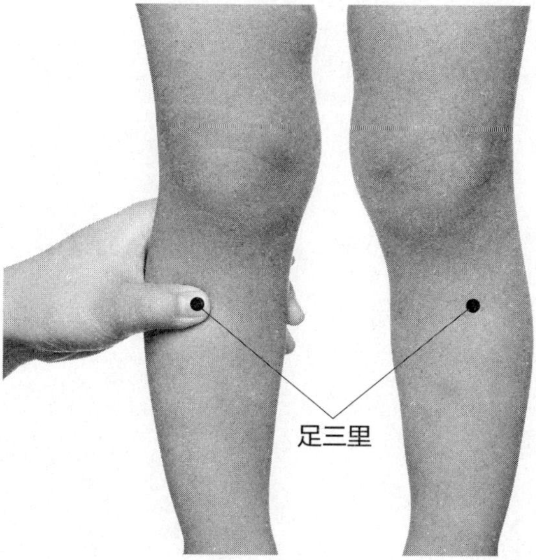

第3章

未雨绸缪：孩子发病前有各种信号

16 看一眼，早早抓住疾病的马脚

看舌苔知孩子疾病；看二便分寒热；看孩子精神分辨健康与否；听孩子的哭声；听孩子的呼吸；孩子体温是信号。

中医一个最最大的优势就是整体观，有诸内必形于外。我经常跟儿子说的一句话就是："儿子，伸舌头让爸爸看看！"有时候儿子舌苔发白，我就赶紧跟爸妈说，最近几天做饭不要炒肉了，让孩子吃点素的。

有时候我还会问妈妈，"今天孩子拉臭臭了没有"或者"大便干不干"之类的。为什么呢？见一叶落而知秋之将至，掬一杯水而知江河之清。孩子不可能无缘无故就生病的，也不可能突然就生病了，任何疾病都是有潜伏期的，身体里的敌人要想威胁到身体，这支队伍必然得发展壮大到一定气候才行。对于绝大部分疾病来讲，它在潜伏期的时候都会"露出来一些马脚"，给出一些信号，如果家长马虎大意不放在心上，孩子就会生病。

相反，如果家长把这些信号掌握住了，自然就能早期发现，及早应对，将疾病扼杀在萌芽之中，从而让孩子少生病、生小病、不生病。

看舌苔知孩子疾病

中医讲，舌苔由胃气所生，而五脏六腑皆禀气于胃，因此，舌苔的变化可反映脏腑的寒、热、虚、实，病邪的性质和病位的深浅。

1. 舌苔薄白

这时候说明孩子已经开始有积食了，但是胃气还没有受到伤害。家长把家里的肉停上几天，让孩子吃几天蔬菜，可能积食慢慢就消掉了。

2. 舌苔由薄变厚，颜色由白渐变为有点黄色，舌边舌尖由淡红变红

这时候说明病情加重，提示消化不良、胃肠积滞有宿食等。此时“亡羊补牢，为时不晚”，家长给孩子把鱼、肉、蛋等高热量的食物停掉，给孩子摩腹或者吃一些消积食的药，把积食去掉，孩子就不会生病了。

3. 舌苔由白变黄，舌边尖红

如果孩子的舌苔厚腻，家长还不管它，那孩子的积食就会生内热了，这时候舌苔就会由白变黄，舌边尖红——这就提示有热象了。家长这时候可以提早找中医大夫给开一些消积、清热的药物，要不然，孩子一受寒，就有可能会感冒、发烧了。

看二便分寒热

1. 看小便

如果孩子小便色黄而短少，那就说明孩子有热了，赶紧清一清，要不然就会发烧、咳嗽了。如果孩子的小便色白而清长，那就是受寒了。

2. 看大便

大便次数少，两三天一次，甚至时间更长，那就说明孩子体内有热。如果一天数次，便下如水，那肯定就是寒症。

看孩子精神分辨健康与否

身体健康、没有生病的孩子一般阳气十足，精气神俱佳。如果有一天你看到自己的宝宝突然面色发红、目光呆滞、喜欢两腿屈曲，就有可能是生病了。

听孩子的哭声

如果哭声无力或一声不哭，家长一定要带孩子到医院去看一看。

听孩子的呼吸

如果孩子呼吸变粗、频率增加，并且面部发红，那很有可能是发烧了。如果呼吸急促，鼻翼翕动，口唇周围青紫，呼吸时肋间肌肉下陷或胸骨上凹陷，很可能是患了肺炎。

孩子体温是信号

由于我老家就在郑州郊县，离郑州就五六十公里，所以爸妈经常带着孩子回老家住。我也乐意于此。农村更接近大自然，对孩子的生长发育有好处。

记得儿子会说话以后，爸妈经常在老家让儿子给我打电话。有一天中午我接到儿子的电话，但是他在电话里跟往常不一样，怎么逗他叫爸爸他都不吭声。妈妈无奈自己接了电话跟我聊天，她说："这孩子今天不知道咋回事儿，变成双眼皮了。"

妈妈不知道，我在医院待时间长了我知道，发烧的时候，人体内水分大量散失，而单眼皮一般是上眼睑里面的水分由于重力原因下垂造成的，当水分变少以后，皮肤收缩就会出现双眼皮。

于是我赶紧给妈妈说，孩子可能发烧了，给量量体温吧。

妈妈在电话那头应下。十分钟后，我给妈妈打电话，妈妈说，果然发烧了，不到38℃。她随即带着孩子到医院去看了看，回来后晚上就不烧了，第二天也没再发烧。

看，这就是知道孩子身体信号的好处，早点发现疾病，早发现才能早治疗，病当然是越轻越好治了。

17 当家长的，一定要知道三个温度

一般来讲，腋窝的温度是36℃ ~37℃；口腔中的温度叫口温，正常值要高一些，在36.7℃ ~37.7℃。直肠的温度在三个经常测量体温的部位中是最高的，在36.9℃ ~37.9℃。

由于我在医院工作，所以平常几乎成了朋友或同学们的导医，尤其是有孩子的同学朋友。

记得有一次，一个大学同学打电话给我，说自己的孩子老是低烧，想找我推荐个大夫看看。我当时听了就奇怪，他的孩子不到半岁，看着身体挺好的，就问他怎么给孩子量体温的，他说一般都是测肛温。我问他孩子的肛温是多少，他说，有时候是37.8℃，有时候37.6℃，反正就没正常过。

我当时听了说，那不是在正常值吗？

同学很惊讶，怎么会呢？正常值不都是在37℃吗？

我又追问了一下，才知道，原来同学带孩子到医院去打预防针的时候，看一个家长在给孩子测肛温，都是家长嘛，孩子年龄也差不多，就聊起天来。一聊，那位家长就告诉他，以后给孩子测体温的时候测肛温更准确。

我明白了，那个家长是不知道乱说，我的同学是不知道就盲目相信。

4月，赵坤大夫做了关于一个孩子的讲座，她在讲小儿肺炎的时候也专门提到孩子不同部位的温度。看来，真是有很多家长不知道啊。

很多人认为人的体温就是37℃左右，这是不对的。一般来讲，腋窝的温度是36℃ ~37℃（婴儿的体温会稍微偏高一点，也正常）；口腔中的温度叫口温，正常值要高一些，在36.7℃ ~37.7℃；直肠的温度在三个经常测量体温的部位中是最高的，在36.9℃ ~37.9℃。

我在医院待时间长了，这种常识都知道，跟同学一讲，同学也放下心来，在电话里千恩万谢的。

其实，这都是孩子养护的基本知识，很多家长都应该知道的。这也是我写这本书的目的，我也是家长，所以也知道别的家长想知道什么。

18 孩子食指发紫？小心积食

孩子食指的外侧有风关、气关、命关三个穴位，中医上叫“三关诊病”。如果风关发紫，说明积食较轻，如果紫色往气关、命关蔓延，积食会越来越重。

孩子是父母的心头肉，孩子一生病，家长会非常心疼。我也是有了孩子，才慢慢知道积食的危害的。全国名老中医高清顺有一次跟我说，很多孩子发烧、感冒、拉肚子，跟进食不节制导致积食有很大关系。

积食的时候，容易生内热，导致肚子胀、不消化，晚上睡觉的时候孩子翻来覆去，这时候就容易受凉引起感冒、发烧。另外，孩子经常积食，脾胃的消化吸收功能会变差，从而容易引起腹泻。

门诊上很多孩子因为积食生病来进行推拿的时候，高清顺教授都会不厌其烦地提醒家长，不要让孩子吃得过多过油腻。

有一次，我就问高老师，怎么才能早期发现孩子积食呢？就好像预防敌人来进犯一样，如果能早点发现，那不就可以采取措施，提前把敌人消灭了吗？

高老师说，孩子出现积食时会出现肚子胀、肛门红、口臭、舌尖红等症状。但是，这些症状并不是太好判断。其实，有个更简单的方法可以早早发现孩子积食，即观察孩子食指外侧（即靠近大拇指一侧）的皮肤颜色。

如果食指外侧发紫，就说明孩子出现积食了。孩子食指的外侧有风关、气关、命关三个穴位，中医上叫“三关诊病”。风关位于手掌侧面前沿、靠大拇指边，食指第一节，即掌指横纹至第二节横纹之间；气关位于食指第二节外侧；命关位于食指第三指节外侧。

如果风关发紫，说明积食较轻，如果紫色往气关、命关蔓延，积食会越来越重。

高老师说，自己小时候学医时，老师教过一个顺口溜“风关轻，气关重，到了命关会要命”，虽然现在医学有了很大的进步，“要命”的说法已经夸张了一些，但是家长们还是要注意，孩子积食要尽早治疗。

后来，我也经常在自己孩子身上用。在跟孩子玩耍的时候，我就会无意中瞟一眼他的食指。如果发现有积食了，就赶紧给孩子采取对应的措施。

19 宝宝鼻根部有青筋，病根在脾胃

鼻根部是指人两眼内眦之间的部位，它是鼻子的起点，中医又称为山根。如果孩子山根处青筋显现，则说明其可能患有积滞或惊风之证。

前年十一去媳妇家，见到了她妹妹的女儿，才半岁，小脸蛋红扑扑的，非常讨人喜爱。我抱着的时候仔细一看，发现孩子的鼻子上隐隐有根青筋。当时我就说："这么小的孩子鼻子上怎么会有青筋呢？"

岳父接话了，说："这是'犟筋'，娃儿长大了脾气肯定比较倔！"说得大家都笑了。

也是碰巧了，从媳妇家回来之后，我跟着我们医院儿科一个非常有名的大夫马丙祥主任坐诊，也碰到了一个鼻梁上有青筋的孩子，我就向马主任咨询。马丙祥主任说，从中医角度讲，"望"诊是为儿童诊治疾病的重要手段。典籍中就有"望面色，审苗窍"之说，意思是看孩子面部肤色，就可以诊断出患了什么疾病。许多孩子虽小小年纪，却鼻根部"青筋暴露"，好像在担忧什么似的。

鼻根部是指人两眼内眦之间的部位，它是鼻子的起点，中医又称为山根。如果孩子山根处青筋显现，则说明其可能患有积滞或惊风之证。如果问家长的话，会发现孩子还大多会有食欲不佳、腹胀、大便不调、俯卧睡眠、蹬被、夜睡不安、手脚心热、出汗、咬牙等症状。

可能这些小毛病很多家长不放在心上，但是如果孩子积滞时间长了，就容易拉肚子、感冒、发烧，甚至还会诱发支气管炎、肺炎等，因此可不能因小失大，还是早点调理为好。

现在市场上卖的有保和丸、王氏保赤丸、化积口服液、消积散等中成药，家长可以在买药时问问药店的药师，按照他们说的坚持吃一段时间。

另外，四缝穴是经外奇穴，治疗孩子积滞、惊风效果特别好，它就在除大拇指以外的四个手指的第二个指横纹处，您可以找专业的医师进行针刺，也可以自己用大拇指掐按四缝穴，两手每天各掐按三分钟就可以了。

后来，那个孩子来复查，他妈妈说，自己天天给孩子掐按四缝穴，3天后孩子的大便就正常了，晚上睡觉出汗也少了，睡得也香了。

20 面部有白斑，看看孩子缺什么

孩子面部出现淡白色的粗糙斑块，许多家长或医生会误认为是一种“癣”，其实多是因脾胃虚弱所致，这时候，家长可以每天给孩子进行捏脊。

我一个朋友的孩子闹闹今年3岁，脸上起了很多大小不等的小白斑。当时家人以为孩子脸上长癣了，就到药店买了外用药，但是擦了近一个月也不见效果。

后来，闹闹的妈妈带着闹闹来到医院儿科找马丙祥主任看病。马丙祥主任看了看说，宝宝是由于体内缺乏微量元素及维生素或者肠道有寄生虫造成的。我正巧跟着马丙祥主任坐诊，就把这一切给记录下来了。后来又专门追问了一下马主任，他给我详细解释了一下。

孩子面部出现淡白色的粗糙斑块，许多家长或医生会误认为是一种“癣”，其实多是因脾胃虚弱所致，这时候，家长可以每天给孩子进行捏脊。方法很简单，让孩子趴在床上，背部保持平直、放松。家长站在宝宝后方，两手的中指、无名指和小指握成半拳状。食指半屈，用双手食指中节靠拇指的侧面，抵在孩子的尾骨处；大拇指与食指相对，向上捏起皮肤，同时向上捻动。两手交替，沿脊柱两侧自长强穴（肛门后上3～5厘米处）向上边推边捏边放，一直推到大椎穴（颈后平肩的骨突部位），算做捏脊一遍。每天早晚三分钟即可。

对于这种症状，现代医学多认为患儿是由于微量元素及维生素缺乏所致，因此家长也可带孩子做一个微量元素检查，看看孩子缺什么，然后在医生的指导下有针对性地为宝宝补充锌制剂、铁制剂、多种维生素等营养元素。如果患儿除了面部白斑外，还出现腹痛、消瘦等症状，应考虑肠道蛔虫等寄生虫作怪，要尽快对患儿进行驱虫治疗。

听马主任的嘱咐后，闹闹的妈妈天天给孩子捏脊，大约有一周的时间，白斑就没了。

马主任告诉我，除了面部白斑外，还有些儿童面部表现为㿠白色。一般来讲，儿童面部以红润有光泽为主，可是有些儿童却面色整体发白无光泽。此类患儿多有出汗、虚胖、大便稀等症状，这主要是肺脾气虚所致，有些孩子还会出现反复的呼吸道感染，这时候家长可以让孩子吃一些参苓白术散、玉屏风散等健脾补肺的中成药。

21 孩子爱流口水怎么办

孩子有湿热，爱流口水怎么办？取苦黄连5克、大黄3克、胆南星5克，把它们打成粉，用胶布糊到孩子两脚脚底的凹陷处。

孩子有寒湿，爱流口水怎么办？取吴茱萸5克，打成粉，糊在孩子的脚底板上，用胶布封好，晚上敷上白天取下来即可。

儿子三个月的时候，开始流口水了，有时候一笑哈喇子就会流到围嘴上，看起来甚是顽皮可爱。但是可爱归可爱，毕竟不太正常啊，还是得找大夫看看。我去找黄姓大夫咨询。黄大夫说，孩子准备长牙呢，正常，不用管它！

我的心这才真正放到肚子里。我很幸运，守着大夫，真是不知道省了多少事。

“但是有些孩子到了一两岁、两三岁还流口水，那就不正常了。”黄大夫话锋一转，认真地跟我说。

孩子流口水，跟“脾脏运化无力”有关。

民间有句俗话叫“吃饱睡，咬牙流口水”，真是一语中的。

吃得太饱，孩子娇嫩的脾胃运化不了，就会流口水。口水就是涎，垂涎三尺的涎。中医认为，涎为脾之液，涎由脾气化生并传输分散，在脾气充足的情况下，脾的“固摄”功能和涎液的化生正常，故涎液能正常传输，帮助吞咽及消化，但不会溢出口腔。在脾虚的情况下，脾的“固摄”功能失调，涎液不能正常传输，就会发生“流口水”的现象。

因此，想要克服爱流口水的毛病，得把脾虚调一调。

黄大夫说，孩子脾虚流口水有两种情况，一种是“湿热”，一种是“寒湿”。

孩子有湿热，爱流口水怎么办

取苦黄连 5 克、大黄 3 克、胆南星 5 克，把它们打成粉，用胶布糊到孩子两脚脚底的凹陷处。

由湿热导致流口水的孩子大多口水黏腻，挂于唇下而不会流下去。这类孩子多还会有尿少而黄、身热、肚胀等毛病。

这三味药有清热、祛湿、和胃的作用，连续贴上几天，一般情况下口水都会止住。如果还是止不住的话，您可以到正规医院找儿科大夫给开一副泻黄汤加减治疗。泻黄汤是《孩子药症直诀》中的一个名方，对湿热困脾效果很好。

孩子有寒湿，爱流口水怎么办

取吴茱萸 5 克，打成粉，糊在孩子的脚底板上，用胶布封好，晚上敷上白天取下来即可。

寒湿导致流口水的时候，孩子的口水会比较清长，会不由自主地流出来。

吴茱萸是一味热性药，归肝、肾、脾、胃经，可以温阳散寒。

还可以找儿科大夫给开一副理中汤，它是张仲景的《伤寒论》里的名方，温阳、健脾、化湿效果非常好。

22 孩子地图舌，病根在脾胃

地图舌多与脾胃的气阴不足有很大关系，所以出现地图舌的孩子一般会有食欲不佳、多汗、倦怠、乏力等症状。

又有同学找我求助了，在医院上班这是免不了的。同学跟我说，自己两岁的孩子以前舌头上一直有地图一样的轮廓，由于不影响吃饭，他们这当父母的也没有太在意，但是近几天来孩子在吃饭的时候总是指着舌头说“疼”，不想吃饭，有时候还哭闹得特别厉害。

孩子是父母的心头肉，同学说，孩子一哭，自己的心里都疼。我就介绍他到我们医院儿科主任医师刘霞那里看看。

刘霞大夫看了看说，这是地图舌，地图舌俗称“花舌头”，是婴幼儿的一种常见病。

舌为脾胃之外候

中医有“舌为脾胃之外候”的说法，因此地图舌和脾胃有很大关系。一般来讲，地图舌多与脾胃的气阴不足有很大关系，所以出现地图舌的孩子一般会有食欲不佳、多汗、倦怠、乏力等症状。

说气阴不足不太好理解，中医的阴与“水”对应、阳与“火”对应。打个比方说，气阴不足就像脾胃系统的水比较少一样，水少的时候脾胃的外候——舌头上自然会发干、出现裂纹。另外，还有一些细心的家长发现，如果孩子出现热症疾病，发烧、上火或吃辣食的时候，病情容易加重。这主要是因为内火大了，体内的“水”就少了，病情当然会加重了。

因此，出现地图舌的孩子在治疗上还是以益气养阴为主。在用药上有一个窍门，用参苓白术散配上沙参麦冬汤效果会比较明显。中草药的苦味让很多人难以接受，婴幼儿喝草药更是成问题。

我们医院内制的小儿颗粒剂白术散、养阴散联合应用，也可以起到同样的效果。如果孩子有地图舌，但是没有表现出不适症状，可以连续喝一段时间的生脉饮口服液。由于生脉饮很多厂都生产，规格也不太一样，每个孩子的年龄、体重也不一样，因此家人在给孩子用的时候可以问一问儿科大夫。

家长还可以给孩子熬粥喝。由于出现地图舌的孩子病根还是在脾胃上，因此家长可以多让孩子吃一些补脾的食物，这里首推山药粥，因为山药可以补脾，而且还是平补，不至于让孩子吃过之后出现上火、积食等不适。山药粥做法很简单，把山药和大米一同熬粥就可以了，不用拘于比例。

23 宝宝磨牙是什么毛病

如果孩子磨牙比较轻的话，用芦根30克（一天的量），分多次泡水，加上冰糖给孩子喝，短则一两天，长则三五天就止住了。

我跟着我们医院儿科副主任医师黄牲坐诊的时候，有个年轻妈妈带着孩子坐下后说，孩子这几天晚上老是磨牙，不知道是怎么回事。

黄牲大夫说，《医学入门》中讲：“以牙床属胃，牙齿属肾”，意思是说，人的牙床与胃有密切关系，牙齿和肾有密切关系。人磨牙的时候，是牙床不舒服，才会使上下两排牙齿磨来磨去。根本的原因还在于胃里有热、胃经有火，“热则动”，所以才会磨牙。

另外，孩子磨牙的时候，家里老人们会说，孩子肚子里是不是有虫了。很多中青年父母感觉老人是“瞎扯”，其实，这种说话也没错。

孩子磨牙的病根是胃里有热

中医上讲“湿热生虫”，中国古代的医家非常聪明，他们把人体跟大自然联系在一起，取象比类得出这个结论。大自然哪儿会生虫？剩饭放一段时间，就会生虫。麦秸秆经雨水一淋，过几天扒开一看，里面又湿又热，也会生虫。

其实人体也是如此，食物到了胃里以后，如果胃的腐熟能力弱，这时候食物就不能完全腐熟，这时候就会生“虫”，当然，这里的虫不是实实在在的虫。

总之一句话，磨牙的病根还是孩子胃里有热，得清胃火。

如果孩子磨牙比较轻的话，用芦根 30 克（一天的量），分多次泡水，加上冰糖给孩子喝，短则一两天，长则三五天就止住了。

芦根很好买，一般的中草药店都有卖的。它“味甘”，也就是说，有淡淡的甜味，孩子喝起来也不会难以下咽。如果孩子愿意喝的话，就不用加冰糖了，如果不愿意喝的话，可以适当加点冰糖调调味儿。芦根入胃经和肺经，可以清热生津，清胃热的效果非常好。把胃里的热一除，孩子就不磨牙了。

当然，如果您给孩子喝上几天后，还不见效果，那就得把芦根儿给停了，因为清热的药性都比较寒凉，这时候就得找大夫看看了。

关于孩子磨牙的思考

第一，孩子磨牙，是孩子胃里有热的反应。这时候家长应当及时去给孩子调理一下，否则，胃热还会导致腹胀、拉肚子、感冒、发烧等很多不适。千万不要让小病变成了大病，搞得“全家总动员”，所有人跟着提心吊胆。

第二，前面我说过，中医讲“湿热生虫”是根据大自然取象比类得来的。我以前到中药房的时候，见过芦根这种药，其实就是芦苇的根洗净后炮制成的。

我曾经到河北白洋淀去旅游，白洋淀里长着一望无际的芦苇。其实白洋淀也算是湿热的环境，芦苇能长在那里，而且芦根也不腐烂，说明它本身就可以抵御湿热的环境。这是我的一点想法，我在想，古代的医家是不是也是因此而发现芦根的功效的呢？

24 孩子晚上爱出汗是什么毛病

夜间孩子爱出虚汗怎么办？3克霜桑叶，泡水代茶饮。

儿子从出生开始到两个多月，晚上睡觉一直出汗，小衣服都湿透了。问了一个朋友，他说自己的孩子晚上也出虚汗。我看儿子的精神头特别好，所以一直也没管他。到了三个月的时候，孩子晚上就不出虚汗了。

现在很多家长很担心孩子生病，小孩子打个喷嚏，家长都想带孩子去看看，我觉得没必要。只要孩子精神好就成！

但是还有一些孩子大了，还是出虚汗，就得调一调了。

有天我跟黄甡大夫坐门诊，一位母亲带着孩子来看病，说孩子夜间出汗很多。黄甡大夫开了一个霜桑叶方：3克霜桑叶，泡水代茶饮。

由于黄甡大夫每天下午两点半看病，门诊上病人太多，基本上要看到晚上七八点。所以隔了几天我去找他问这个问题。他先跟我说，那个小孩子用了这个方子后已经不出汗了。

黄甡大夫说，老百姓说的话还是很有道理的。为什么出的是"虚"汗？答案已经出来了，孩子体虚才会出虚汗。到操场上踢会儿球回来大汗淋漓，出的汗就不是虚汗。

体虚导致出虚汗一般分两种：气虚、阴虚。

气虚导致自汗怎么办

白天没有活动却出汗，这叫自汗。中医认为，气主固摄，气虚的时候不能固表，腠理全开，就会流汗。这时候，**可以到医院给孩子开一点玉屏风散（玉屏风颗粒、玉屏风胶囊等中药均可），按说明书吃就可以。它可是益气固表的名方。**

也可以用浮小麦 2 克、大枣 1 枚每天给孩子泡水喝。中医说，汗为心之液，孩子体虚多与心、脾有关，用浮小麦即可以养心补脾，还可以敛汗。大枣调和脾胃，益气养血。这个方子其实是中医名方“甘麦大枣汤”的简化，女性到更年期自汗的时候，大夫经常会给开这个方子。

阴虚导致盗汗怎么办

“盗”是小偷的意思，小偷总是在人睡着的时候去偷东西。盗汗的意思很简单，晚上睡着以后汗不知不觉流出来即是。阴虚有火的时候，会“迫津外出”，形成盗汗。所以，对付盗汗的根本还是要养阴、清热。

盗汗的时候，可以用霜桑叶泡水喝。

关于霜桑叶治盗汗，还有一个故事：

相传，宋代严山寺来了一个游僧，身体瘦弱且胃口极差，每夜一上床入寐就浑身是汗，醒后衣衫尽湿，甚至被单、草席皆湿，20 年来多方求医皆无效。

一天，严山寺的监寺和尚知道了游僧的病情后，便说：“不要灰心，我有一祖传验方治你的病，保证管用，还不花你分文，也没什么毒，你试试看如何？”

第二天天刚亮，监寺和尚就带着游僧来到桑树下，趁晨露未干时，采摘了一把桑叶带回寺中。叮嘱游僧焙干研末后每次服二钱，空腹时用米汤冲服，每日 1 次。连服 3 日后，缠绵 20 年的沉疴竟然痊愈了。游僧与寺中众和尚无不惊奇，佩服监寺和尚药到病除。

中医认为，霜桑叶春天生、夏天长，秋天落得最晚，差不多到冬天才落，它经历了四季之气，所以入血份，清热凉血效果比较好。

如果盗汗比较严重的话，还是需要到正规的医院找医生看一看。

25 孩子肚子咕噜噜乱响有什么毛病吗

> 外劳宫穴很好找，手掌的掌心对应的手背的中央，就是外劳宫了。每天给孩子揉上150次左右即可，可以健脾胃、祛寒邪。

很多家长在陪孩子玩的时候，会听到孩子的肚子咕噜噜乱响，好像胃肠功能不是特别好一样。这其实就是吃到肚子里的食物没有好好消化造成的肠鸣。

如果您的孩子经常肠鸣、腹胀、腹泻、风寒感冒，或者隔三岔五就会出现溏水样大便的话，那不妨给孩子揉一揉外劳宫。

外劳宫穴很好找，手掌的掌心对应的手背的中央，就是外劳宫了。每天给孩子揉上150次左右即可，可以健脾胃、祛寒邪。揉的时候，用你的左手拉住孩子的手，然后用你的右手拇指或中指的指肚，去揉外劳宫穴就可以了。要注意，揉的时候力度不用太大，幅度也不用太大，给孩子的另一只手里放一个他喜欢的玩具，他一边玩，你一边揉，很快就结束了，一点也不会让孩子反感。

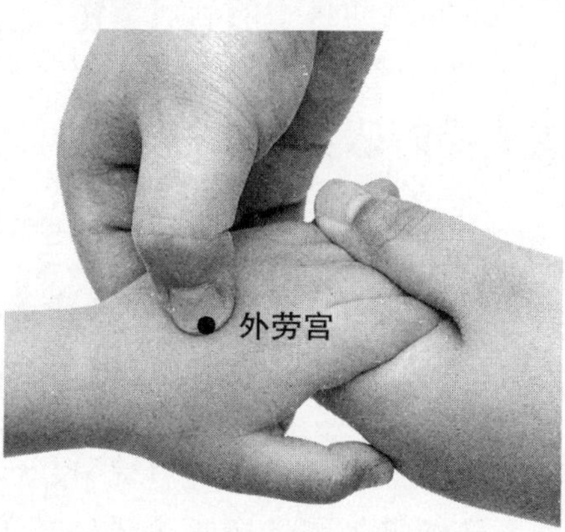

我国明代的推拿专著《孩子推拿方脉活婴秘旨全书》中有一句话："外劳宫，在指下，正对掌心是穴。治粪白不变，五谷不消，肚腹泄泻。"

26 孩子出现什么情况必须马上去医院

孩子疾病的发生发展是有规律可循的，家长可以从以下几个方面判断孩子的病情变化。

我有一次跟宋桂华主任聊天的时候，她正好刚刚抢救了一个小男孩儿。她说，小男孩小名叫军军，才 4 岁，发烧伴咳嗽两天了，父母想着孩子病得不重，就凭自己的经验给孩子用了点常用药。但是晚上在家里玩的时候孩子突然出现呼吸急促、面色青紫。军军的爸妈赶紧拨打 120 送到了河南中医学院第一附属医院儿科重症监护病房。医生们紧急对患儿进行了气管插管抢救治疗，由于就诊、抢救及时，小军军终于脱离了生命危险。

我问宋桂华主任，那家长通过什么能判断孩子得的是危急重症呢？

宋主任说，孩子疾病的发生发展是有规律可循的，家长可以从以下几个方面判断孩子的病情变化。

首先看呼吸频率

一般来讲，两个月以内的宝宝，呼吸频率在每分钟 60 次以上，2~12 个月的宝宝呼吸频率每分钟在 50 次以上，1~3 岁时呼吸频率要大于 40 次 / 分，学龄前期儿童呼吸频率要超过 30 次 / 分。如果家长发现自己的孩子呼吸很费力，比如有张口抬肩、坐着呼吸说话时语不成句、呻吟、点头状呼吸等，就说明孩子的呼吸比较困难。

其次看心率或脉搏

家长可以通过触摸孩子腕部的血管搏动或触摸前胸部的心脏跳动来简单判断孩子心脏的情况。如果孩子在平静状态下心率明显增快，新生儿大于每分钟 160 次，婴儿大于每分钟 140 次，幼儿大于每分钟 120 次，儿童大于每分钟 100 次，或者心率明显偏慢，这时候家长也要尽快带孩子到医院进行治疗。

通过肢体症状、精神状态、尿量、体温等判断

比如说，孩子大汗淋漓、面色苍白、口唇发青、四肢末梢发凉、皮肤湿冷或发花，按压后皮肤黏膜颜色不能很快恢复到正常状态，或者皮肤有出血点、出血斑等；或者孩子异常哭闹，不能安抚，表情淡漠，对外界刺激反应差，嗜睡，昏迷，以及胡言乱语、抽搐等。这些情况家长都要注意。

最后就是看小便，如果孩子尿量明显减少、甚至无尿，或者体温明显小于 35℃、大于 40℃时，也要尽快到医院，不能马虎大意。

27 孩子脚趾甲坑坑洼洼的，该补锌了

缺锌时皮肤容易粗糙、干燥，趾甲也容易脱落。

我的孩子一岁半的时候，脚趾甲坑坑洼洼的。媳妇问我，会不会是缺什么微量元素啊？当时我没在意，因为啥呢？孩子胖乎乎的，又特别活泼，怎么会缺东西呢？

没出一个星期，晚上我下班回到家，妈妈跟我说，孩子在玩的时候把脚趾甲碰破了，脚趾头上的嫩肉都露出来了，血也流了不少。

我一看也心疼了，赶紧用手机把儿子的脚趾头拍了照片。

第二天上班，我就找到宋桂华主任医师，问她是怎么回事。宋主任一看，说缺锌了。她说，锌是人体必需的微量元素之一，在小儿的生长发育过程中作用非常重要。比如，锌有维护免疫的功能，缺锌容易导致免疫功能变弱，孩子容易生病。另外，锌还可以保护皮肤健康，缺锌时皮肤容易粗糙、干燥，趾甲也容易脱落。但是，由于婴幼儿生长发育速度较快，对锌的需求量很高，如果生活中饮食搭配不合理的话，就容易造成锌摄入量不足。

不过家长也不用为此过分紧张，只要在医生的指导下服用一些补锌的药物即可。另外，还有一些孩子在缺锌的同时还会缺钙，这时候可以在医生的指导下进行检查，然后进行“钙锌同补”。

宋主任给我开了补锌的药物，孩子吃了一个多月，脚趾甲变好了。

第4章

别以为孩子发烧、咳嗽是小事

28. 孩子刚发烧、咳嗽不要急着用药
29. 有时候孩子发烧不一定是坏事
30. 孩子发高烧是否会烧坏脑子
31. 孩子发高烧的风险在哪儿
32. 孩子长期反复发烧，一定要上医院好好检查
33. 给孩子物理降温的智慧
34. 孩子发烧没超过38.5℃怎么处理
35. 孩子发烧出汗多，可以补充糖盐水

……

28 孩子刚发烧、咳嗽不要急着用药

很多家长特别害怕孩子发烧，一见孩子发烧恨不得马上把孩子的体温降下来。

我有一次在跟一个儿科专家坐门诊的时候，有一位戴着眼镜，看起来文化素质很高的母亲，抱着孩子来看发烧。药开完了，她拿着病历本居然一下子眼泪就掉下来了，然后就哭得歇斯底里地指着大夫说："我孩子都烧成这样了，为什么不给开抗生素？我不让你给孩子看病了！"然后抱着孩子扭头就走，也不给大夫一句解释的机会，一直到走出诊室，在候诊的走廊上，我都能听到这位妈妈重复着那句话"孩子都烧成这样了，也不给开抗生素"。

在这里告诉各位家长，小孩子生病的时候，就像"外敌"在入侵孩子的身体，这时候，人的大脑会发出指令，派一支白细胞"部队"去抵抗入侵。在这种情况下人体就处于发烧状态。

试想一下，这时候如果家长让孩子吃退烧药、抗生素，就好像是突然来了个蛮不讲理的"调解员"，说："你们先别打了，暂时休兵！"孩子的烧当时是退下了，但是退烧药的药效一过，双方还是要打起来的，这样就会形成孩子反复发烧的情况。

除了发烧外，有时孩子常见的咳嗽也是人体的保护性反应，可以把吸入人体的脏东西，如灰尘、尘螨、致敏源、治病菌等咳出体外。很多家长一听见孩子咳两声，赶紧给孩子用止咳药，结果就会造成孩子反复咳嗽。

我的孩子在今年五月份的时候，不知道什么原因就开始咳嗽了，总感觉喉咙里有痰咳不出来。我带他到医院儿科去看病，正好成淑凤医生在，她给孩子听了听，又开了一个中药处方。我当时就问她，是不是给孩子买点止咳类的药啊。她摇了摇头，说，不行。现在小孩子最重要的是宣肺化痰，没痰了，自然就不咳了。如果你给他用止咳药，他的痰出不来，到时候还是要咳。

看，有时候家长的爱来得太早太急，反而会让孩子更加受伤。

29 有时候孩子发烧不一定是坏事

让孩子烧一烧，他将来发生肿瘤的机会就会降低很多。但是，现在很多家庭只有一个孩子，对孩子太娇惯了，孩子一发烧就积极主动地去退烧，反使疾病越来越多。

赵坤大夫不仅看病好，讲课也非常生动。在一次在她举办的健康讲座上，她说，咱们身边有很多老红军，在二万五千里长征的时候受了千辛万苦，没吃没穿，挨冻受饿，有时候是啃树皮吃草根，但是身体很硬朗，也很长寿，有些都活到八九十岁甚至一百多岁。他们在战争年代生病的时候可是很少有找大夫看的，但他们长寿的原因在哪儿？吃都吃不饱，更别说药品供应了。但是，正是由于没吃没穿、缺衣少药，才让他们免疫系统的功能被激发到了一种极致，使他们受用终生。

要知道，人的淋巴细胞在39℃的时候比37℃有更强的代谢能力，白细胞的最大吞噬活性在38℃ ~40℃的时候是最强的，另外，发烧还可以促使白细胞向感染局部游走及包裹，一旦开始发烧了，这个时候我们的吞噬细胞就往感染的部位去吞噬了。

当人发烧的时候，细菌和病毒在温度较高的情况下，进攻的能力也会降低。所以我们说人体每一次发烧，都会给免疫系统一次锻炼的机会。就像部队长时间不打仗，就要经常搞演习一样，如果不演习，外敌真的来了他们就会处理不了，免疫细胞也是这样子。

另外，发烧的时候，人体会产生很多细胞因子，像肿瘤坏死因子等，它是可以杀灭肿瘤细胞的。什么是肿瘤细胞，说白了就是身体内过度生长的细胞，人体的清除机制清除不了了，它就会过度增长，发展为肿瘤。

所以，让孩子烧一烧，他将来发生肿瘤的机会就会降低很多。但是，现在很多家庭只有一个孩子，对孩子太娇惯了，孩子一发烧就积极主动地去退烧，反使疾病越来越多。

所以，家长们对待小孩的发烧一定要淡定，要注意观察。

30 孩子发高烧是否会烧坏脑子

相信很多家长担心孩子发高烧的一个原因，就是孩子会“烧坏脑子”“烧傻”。

对于这个问题，其实我原来也有这样的担心，后来就找了赵坤大夫咨询这个问题，得到了截然相反的答案。

赵坤大夫说，发烧对孩子的脑细胞没有直接的损害，除非孩子感染的是脑炎。因为，当孩子体温超过 41℃的时候，罹患细菌性脑膜炎或败血症的可能性比较高。只有当体温超过 41.4℃的时候脑部才可能会有受到损伤的危险，这主要是因为超过这个温度以后，细胞蛋白质才会因高温变质，造成不可恢复的损伤。

但是，一般来讲，这种极端的发高烧情况在小孩子较少出现，所以家长们不必闻“烧”色变。

31 孩子发高烧的风险在哪儿

孩子发高烧，最常见的一个症状就是出汗，会影响到中枢神经，会吃不下饭。

有人问，既然不会烧坏脑子，那是不是发高烧的时候家长就可以在家庭护理上不管不问了？当然不是！在一次“孩子肺炎的家庭护理”讲座上，赵坤大夫把发高烧的风险讲得非常通俗易懂。

她说，发烧的时候，人体的物质代谢会加快。但可要记住了，发烧时是人体的免疫系统在对抗病菌入侵的过程，那既然双方交上“火”了，肯定会“尸横遍野”，也就是说，发烧时人体会产生并堆积很多代谢废物。有项研究发现，人的体温每升高 1℃，基础代谢率就升高 13%。也就是说，如果 37℃ ~38℃的时候人体的代谢速率增高 13%，那到了 39℃时就会增高 26%，烧到 40℃的时候代谢速率更是会高得吓人，相应就会产生更多代谢的废物在人体内堆积。

孩子发高烧，最常见的一个症状就是出汗

这其实是人体排出代谢废物的一个过程，孩子大量出汗怎么办呢？充分补充水分和盐分。

还有，孩子发热时糖代谢加强，脂肪分解也显著加强，由于糖代谢加强使糖原储备不足，摄入相对减少，这时候就会动用储备脂肪，所以

孩子会表现为“消瘦”。

很多家长看到孩子发烧，人也瘦了，双眼皮也出来了，心疼得不得了，恨不得把好吃的好喝的都拿来让孩子吃。其实这时候脂肪代谢对于孩子的身体来说是一个负担，给孩子吃一些肉类等食物，他就会出现代谢不了的情况。所以，孩子发烧的时候，最好熬些粥，让孩子吃些素食为好。

孩子发高烧，会影响到中枢神经

这时候孩子会烦躁不安、哭闹不止。如果在 5 岁以下，有可能出现良性高热惊厥；如果 5 岁以上，那就有可能从良性的高热惊厥转变成癫痫发作了，这时候家长一定要注意，及时跟专业的儿科医生沟通，在医生的指导下做脑电图等检查，必要时进行早期干预。

小孩子高烧的时候，会出现心率加速，心肌收缩率增加，这时候心脏负担会加重。如果孩子有肺炎或者先天性心脏病，就可能会出现心力衰竭。所以有些家长说，感觉孩子发烧的时候心跳都快跳出来了，就是这个道理。

孩子发烧，会吃不下饭

小孩子发烧的时候，消化液分泌就会减少，此时，孩子就会厌食，而家长一看孩子不想吃饭，更心疼了，千方百计哄孩子吃饭。其实这时候，孩子不想吃，家长就不要勉强他，就让他把身体里的废物排泄一下。

32 孩子长期反复发烧，一定要上医院好好检查

虽然发烧时，尽量不要主动地用药退烧对孩子的免疫系统有很大的好处，但是，如果有的孩子长期反复发烧，家长一定要带孩子查一查，可不能马虎。

关于孩子长期反复发烧，赵坤大夫给我讲了两个她遇到的病例。

第一个是有一次病房里住进了一个小男孩，赵坤大夫在查房的时候，问他的情况。小孩子的管床大夫说，孩子长期反复发烧，曾烧到46℃。赵坤大夫当时不相信自己的耳朵，就又问了一遍，连着问了三遍，身边的医生护士，包括孩子的家长都笑了。

一个住院医师说，确实是46℃。即便如此，赵坤大夫也不相信，人的极限体温才43℃，这个小孩子怎么能烧到46度呢？再说了，体温表也才仅仅到43℃啊，46℃这个数字是怎么测量出来的？

住院医师回答，没有办法，用普通的水银体温计一测，体温计就爆了。后来拿了个电子体温表测了一下，才测出数值，是46℃。

这个数值太可怕了，但是，奇怪的是，孩子却没有事。

他的家长很爱自己的孩子，带着他北京、上海很多知名医院的儿科都跑遍了，光检查单装订一下，都能装一两本书了，也没查出来是怎么回事。

赵坤大夫很有心，越是碰到疑难病症她越是留意。经过观察，她发

现这个孩子发烧的时候烧得非常快，十几分钟、半小时就烧起来了，然后就持续半天左右。并且，发烧的时候也没有啥中毒表现，越烧还越能吃，吃得还挺胖的。烧上几个小时以后，还能自己退下来。

赵坤大夫就详细地看这个小男孩的检查单，然后又有针对性地做了几项检查，排除了感染性疾病、结缔组织病。后来，赵坤大夫想，人的体温中枢在丘脑处，也就是大脑的部位，那做个脑电图看看。

赵坤大夫就这样，细心加经验，果然就把孩子的病因给找出来了，脑电图检查，发现孩子是植物神经性的癫痫发作（很多家长认为癫痫就是“羊角风”，发作时会抽风，其实这只是癫痫的一种典型症状，还有很多不典型的症状，比如说厌食、贪吃、幻视等）。知道病根儿了，进行有针对性的治疗，孩子以后果然就不发烧了。

当然，有的家长就不像上面这位家长那么细心了。赵坤大夫还讲了另外一个病例。她在门诊上还碰到一个小病号，孩子也是经常发高烧，孩子一烧，家长就用退烧药，很快烧就退下来了。然后没过多久，孩子就又发烧了。时间长了，这个孩子的家长有意识了，觉得这样不太正常，在当地医院治疗也没治好，后来就到省会郑州了。

赵坤大夫接诊的时候，通过丰富的门诊经验，就建议孩子做一下初步检查，结果发现孩子的肝脏和脾脏稍有点大，但是不太明显。她在仔细看孩子的检查结果的时候，又看了看孩子，发现这个小孩子的脸色似乎不是太好，就建议家长做个骨髓穿刺，虽然家长对“骨穿”很排斥，不想让孩子做，但是最终还是做了，结果出来后，发现是白血病。

所以，在这里提醒各位家长，孩子出现长期反复的发烧，尤其是高烧，一定要注意，多花点心思在孩子身上，避免悲剧的产生。

33 给孩子物理降温的智慧

孩子处在发烧的体温上升期的时候，一定要用温热的毛巾，给孩子擦擦肚窝、腋下、腿窝这些大血管分布的区域。当孩子的体温处在稳定期的时候，比如说，发烧在短时间内一直维持在39℃，家长可以用冷毛巾或者冰袋给孩子敷一敷头部，或者用冷毛巾擦一擦腋窝、脖子、腿窝等大血管分布的区域。这样可以帮助孩子降温退烧，也可以避免孩子的体温再次升高。

孩子发烧了，家长会急得团团转，想帮孩子做点什么，但是却不知道怎么办，有的对发烧不了解的，还会使反劲儿，造成病情加重。

一般来说，看到孩子发烧的时候，家长们十有八九会想到用冷毛巾给孩子敷一敷，降降温。

但是，有一次赵坤大夫在讲座里，详细讲了一下孩子发烧啥时候该用冷毛巾，啥时候该用热毛巾的道理，让我听得豁然开朗。

我们先来说说人为什么会“烧”起来。

发烧是“外敌”与“人体免疫系统”战斗的结果

人的体温是靠中枢神经来调节的。孩子生病的时候，可能是病毒感染、细菌感染或者支原体感染等，外敌来犯，人体的免疫系统出征相迎。敌我双方势如水火，那可不像国与国之间的打仗，是没有谈判的余地的。

所以双方一见面就是白热化的生死之战，人的体温就会随之升高。

那中枢神经一下令，体温就升高了吗？当然不是，中枢神经再下令，得有下属执行命令才行。家长注意了，这时候孩子的体温就处在一个“上升期”了。

孩子体温上升期的时候要用热毛巾

孩子发烧的时候，会冷得直打寒战，有的家长细心一点，会发现孩子身上的鸡皮疙瘩都出来了，实际上这时候他的体温正处在上升期。孩子高烧发寒战、甚至起鸡皮疙瘩，是因为皮肤血管开始收缩，排汗减少，引起了反射性的竖毛肌的收缩形成的，可以使产热增加。不久，孩子就要烧起来了。

您知道吗？到了冬天，咱们要是感觉冷的话，会不由自主地打寒战，或者跺跺脚。但就是这一个寒战一跺脚，你马上会感觉暖和很多。

因为这一瞬间它们产生的热要比身体正常情况下产出的高出 4 倍以上。

其实发烧也是这个道理。

为什么有的家长给孩子量体温的时候，会发现孩子现在还是 38℃呢，十几二十分钟以后，就成了 39℃了呢？道理就在这里，因为孩子正处在“体温上升期”。

那这个时候，家长就千万不能用冷毛巾去敷了。体表本来就需要热量，你再用冷毛巾去争夺热量，那只能让中枢神经下达更“严厉”的命令，孩子的体温肯定会升得更高了。

所以，孩子处在发烧的体温上升期的时候，一定要用温热的毛巾，给孩子擦擦肚窝、腋下、腿窝这些大血管分布的区域。这样的话，孩子的体温可能还会上升，但是不会一下子升得太高而出现高烧，甚至是惊厥、抽风了。

孩子体温稳定期、下降或后期可使用冷毛巾

当孩子的体温处在稳定期的时候，比如说，发烧在短时间内一直维持在 39℃，这说明发烧中枢介质释放完毕或暂告一段落。这时，家长可以用冷毛巾或者冰袋给孩子敷一敷头部，或者用冷毛巾擦一擦腋窝、脖子、腿窝等大血管分布的区域。这样可以帮助孩子降温退烧，也可以避免孩子的体温再次升高。

另外就是体温下降期，也就是身体慢慢散热的时期可以用冷毛巾，这段时期的特点是散热过程占优势，致热源在体内的作用逐渐消失或者减弱，产热开始减少。孩子的体表皮肤血管开始扩张，这时候会大量的出汗。

就像小时候我们感冒发烧的时候，长辈们会说“盖着被子睡一觉，发发汗就好了”，就是这个道理，出汗的时候，大多情况说明发烧在缓解。这个时候用冷毛巾，可以帮助散热，让烧退得稍快一些。

当然，在这里再次提醒各位家长，这个时候千万不要过度使用一些退烧药。门诊上经常见到很多家长，一看到孩子烧退下来了，赶紧再给孩子用上点退烧药，想让孩子一下子把烧都退下来，心急可以理解，一方面实在是多此一举，另一方面对孩子的身体也是更大的伤害。

34 孩子发烧 没超过 38.5℃怎么处理

孩子发烧的时候，给孩子清天河水 300 次，推的时候可以用大拇指的内侧，或者食指与中指并拢，用食指中指的指腹从下往上直推。清天河水是一种非常有效的退热手法，还有宁心安神的作用。

有一个周末，我儿子发烧，烧得也不高，37.8℃，这个数字让我很尴尬，为什么呢？专家告诉我，发烧是身体的防御系统在发挥作用，是白细胞在消灭体内的敌人。没超过 38.5℃，不算是高烧，退烧药没必要吃，可以在家采用一些物理降温的方法先处理一下。况且孩子除了发烧之外，也没有感冒、咳嗽等别的问题。

孩子一生病，家里的气氛也就紧张起来。我忽然想起来，以前经常带孩子去找全国名老中医高清顺做推拿，自己干吗不亲自动手给孩子试试呢？家里小儿推拿的书我也都有。

现学现卖，我看了看书，上面说，有一种手法叫“清天河水”，有清热的作用。学起来也非常容易，就是在孩子的小臂内侧，自手腕的腕横纹中点到肘横纹中点成一条直线，中医上就叫天河水。推的时候可以用大拇指的内侧，或者食指与中指并拢，用食指中指的指腹从下往上直推。清天河水是一种非常有效的退热手法，还有宁心安神的作用。

孩子发烧的时候，给孩子清天河水 300 次，可以疏通心包经，从而起到泻火清热的作用。另外，中医讲，心包经与三焦经互为表里，三焦

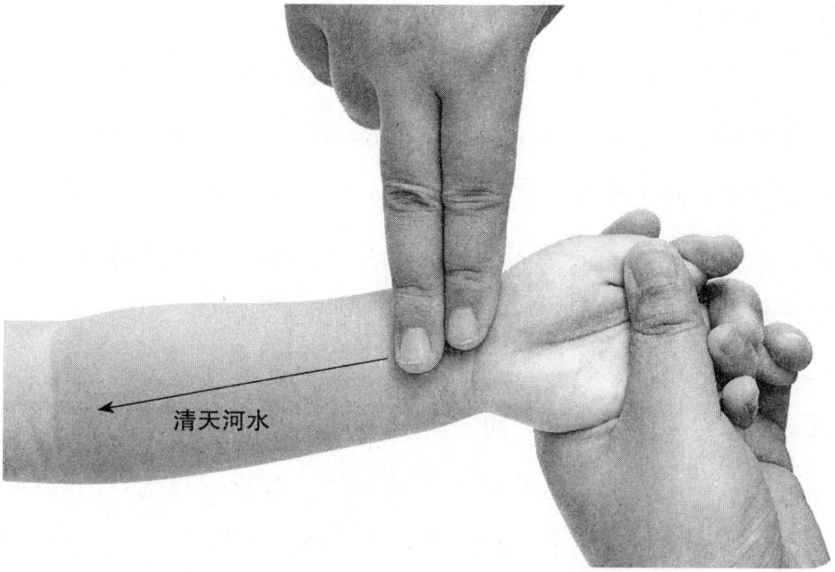

经协调着五脏六腑，可以调通水道、运化水谷，它就像是一部电影的总导演、一场演唱会的主持人，可以让五脏六腑的功能更加协调，一心一意、同心同德地为身体服务。也就是说，三焦经通畅，小孩子身体的自愈力也会增强。

父母应该是孩子最好的医生

看了数遍，我还在自己胳膊上比画了几下，感觉吃透了，就走到孩子身边去，打算给孩子试试。

没想到这小家伙根本不领情，我把食指中指并拢在他的天河水上刚清了几下，他就哇哇大哭，眼泪也出来了，鼻涕也出来了。那神情，可怜巴巴的。唉，真是个“表情帝”啊！

我媳妇一看，心疼了，不愿意了，马上就说：“你会不会呀你，乱给孩子推推出问题怎么办？他发烧了不舒服你还在这瞎折腾。”

我也没话说了。

但是突然我灵机一动，我自己不会推但是专家会啊！况且，推拿跟吃退烧药不一样，推拿是鼓舞身体的正气，帮助身体扶正祛邪啊。

正值周末，路上车少人少，我跟媳妇抱着孩子开车二十多分钟就到医院了。正巧，全国名老中医高清顺的儿子高山医生正在值班。我就把孩子发烧的情况跟他说了。

只见高山老师拿了点酒精，把手指湿了湿，一上来就抓着儿子的手腕，原来，他一开始也是在“清天河水”。

还别说，孩子推拿真是有效，推完以后，我再三感谢高山老师。开着车在路上，孩子已经睡了，晚上的时候，烧已经退了。

孩子虽然发烧了，但是没有吃退烧药，烧就退了。

这件事对我的感触非常大。

首先，父母真的才是孩子最好的医生。我想给孩子推拿，孩子哭了，媳妇不让推，她是有责任，但是根本原因还在我，我没有坚持真理。我看到孩子哭，心软了，失去了帮孩子克服疾病的勇气。我是爱孩子的，但却如此短视。

清天河水 300 次，也就三五分钟的事。没给孩子做推拿，孩子是少受了几分钟所谓的疼痛，但是发烧的时间增加了。相比而言，孰得孰失？

其次，方法要用对。我给孩子推的时候他为什么会哭？推的时候，应该先用婴儿润肤露、水润滑一下孩子的肌肤，不然用自己的手指在孩子那细皮嫩肉上干挠，他能受得了吗？

35 孩子发烧出汗多，可以补充糖盐水

让孩子多饮水，糖盐水就很好。可以买瓶生理盐水，再简单一点，家里边的水放点糖放点盐，没有严格的比例，你喝着也不是太咸也不是太甜让孩子能够接受就可以了。

前面我说过，人体发烧是免疫系统和侵入身体的病菌斗争的一个过程，当然，对于孩子来说，也是一个痛苦的过程。

很多家长一看到孩子发烧，又是出大汗又是说胡话，心疼啊，赶紧给孩子弄点好吃的吧！提醒您一下，又是“好心办坏事”了。

孩子出汗太多，容易造成虚脱，如果脱水过多的话，就有可能引起一过性的休克。所以，这时候让孩子吃啥最好呢？糖盐水！

让孩子多饮水，糖盐水就很好。可以买瓶生理盐水，再简单一点，家里边的水放点糖放点盐，没有严格的比例，你喝着也不是太咸也不是太甜让孩子能够接受就可以了。

说到糖盐水了，这个基本不要钱的东西实在太好了。小孩子是纯阳之体，又特别爱活动，有时候一玩还玩得特别“疯”，经常是大汗淋漓。这时候给孩子喝的温开水里加点糖和盐，不仅可以补水，还可以帮助补充钠等微量元素，让孩子更快地恢复体力。

小孩子容易出现腹泻，也就是拉肚子，如果拉肚子特别厉害的话，也容易出现脱水，这时候也可以让孩子喝糖盐水。

夏天的时候天气炎热，为了预防孩子中暑，家长也可以让孩子多喝一些糖盐水。

每年夏天，我都会让爸妈带孩子出去玩的时候，提前准备一杯糖盐水，我跟爸爸妈妈说："你们出去的时候也可以没事就喝几口糖盐水。"为什么呢？夏天天气炎热，人出汗比较多，老年人容易导致血液黏稠，最终诱发脑中风等意外。所以，糖盐水对老人也非常有好处。

36 不用抗生素给孩子退热，那用什么药有效又保险呢

紫雪散是中成药，买回来按说明书吃就可以了。生石膏对高烧的孩子效果特别好，买回家后加点大米熬粥，做成“石膏粥”喝，几岁的孩子可以用15~30克，十几岁的孩子可以用40~60克。

孩子发烧了，退烧药是不能乱用的。虽然很多退烧药退烧效果特别好，但是家长们千万别只顾眼前。赵坤大夫说，就拿滥用抗生素来说吧，门诊上约90%的呼吸道感染的孩子是病毒感染，这时候用抗生素是没有效果的，反而会对身体造成损害。所以，家长们不要孩子一感冒发烧，就给孩子用头孢类药物，就好像头孢类药物不是药，而是饭似的。

当然，更不能乱给孩子打针输液，为什么呢？因为所有的液体都不是零微粒的，有些颗粒不能通过血液循环排泄出体外，那么，这些颗粒就会一直滞留在血液循环里，它们就变成了“栓子”，这样的话孩子将来就有可能出现肺栓塞、静脉栓塞等危急重症。另外，也尽量不要给孩子使用长效激素，因为它们对免疫系统的影响能长达1~2个月，如果频繁使用，那将来出现恶性肿瘤疾病的概率也就非常的高。

那很多家长就会问了，这时候用什么药比较好呢？赵坤大夫建议不妨试试中药，比如说羚羊角粉、生石膏、紫雪散等，不仅退烧效果很好，还没有副作用。还有一点，它们也都比较便宜。就拿羚羊角粉来说吧，它是西藏羚羊的角打成的粉，退烧效果很好，对人体也没有坏处，还能

清热凉血，对人体内的代谢也没有影响。羚羊角粉，婴儿可以用0.3~0.6克，大一点的孩子，家长可以咨询一下中医儿科专业医生。但是药量一般情况下都比较少，给孩子冲服就可以了。

紫雪散是中成药，买回来按说明书吃就可以了。生石膏对高烧的孩子效果特别好，买回家后加点大米熬粥，做成“石膏粥”喝，几岁的孩子可以用15~30克，十几岁的孩子可以用40~60克。

方法很简单，先把生石膏加上清水浸泡十分钟左右，然后用大火煎一下，换成小火再煎上十几分钟，然后把药汁留下，加入大米熬粥喝就可以了。可以根据孩子的口味适当加点白糖。

石膏粥是个非常有名的退热方，中医认为，石膏性味辛、甘、大寒，入肺、胃经，有清热泻火及强力的泻火除烦之功，尤以清肺胃实热见长。《名医别录》中说，生石膏“除时气头痛身热，三焦大热，皮肤热……解肌发汗，止消渴烦逆，暴气喘息，咽热”。现代药理研究也证明，石膏有解热作用，可抑制发热时过度兴奋的体温调节中枢，有强而快的退热作用，并能提高机体免疫机能，缩短凝血时间。

生石膏是中医治疗温病的常用药，对于多种原因引起的高热不退、大热烦渴等有良好疗效。煮粥服食，既可制约石膏的寒凉之性，顾护脾胃，又有利于石膏发挥治疗作用。

赵坤大夫说，像羚羊角粉、生石膏等都是非常安全的药，家长放心用就可以了。孩子发烧的话，间隔4~6个小时服一次，一天4次即可。

37 治孩子各种感冒的特效食疗方

感冒是常见病，无论大人还是孩子。而我自己感冒的时候，从来没用过药，我觉得自己身强力壮的，扛几天就过去了。可是，放到孩子身上就不行了。

四月中旬的一个周末，我们全家人回老家，没想到周日下午突然就下起雨来。我们正坐在屋里看电视，出去串门的妈妈竟然抱着孩子一身是水地闯进屋里来了。

我一看，心疼得不行，生怕把孩子冻感冒了，就跟妈妈说："你咋下着雨就回来了，可别把孩子冻感冒了。"

妈妈白了我一眼，说："孩子哪儿有那么娇气，下雨咋了，外面的树苗不都在长得好好的？孩子在我怀里呢，又没淋着他！"

第二天一早，我从老家赶回郑州上班，早晨醒来一看，儿子的鼻子上已经挂了条"水虫"。我急着去上班，就跟妈妈说带孩子去看看。

妈妈说："你别管了，弄点萝卜、姜、葱，给他熬点水一喝就中了。"

我挺担心，到了医院后，正巧碰到耳鼻喉科主任医师任为，我就把情况跟她说了一遍。

治孩子刚受寒时的特效食疗方

任为大夫听了后说：如果宝宝精神状态很好，该吃吃、该玩玩，也不咳嗽，就是鼻子上挂着两条"小虫"，可以用葱白、萝卜、生姜各少许，然后放入水中炖汁，待熟后加入红糖给宝宝喂服，一天四五次，要不了两天就好了，宝宝的鼻涕虫就会不见了。”

任为大夫说完后又说，放心好了，这都是流传了上千年的方法，怎么会不管用呢?

第二天下午，我再给妈妈打电话，妈妈说孩子已经不流鼻涕了，正玩得欢呢！我一颗悬着的心终于放了下来。

治孩子感冒时嗓子干疼、鼻塞的特效食疗方

后来我想把这件事写成文章，就去问任为大夫有没有别的孩子感冒的情况。任为大夫说，**如果有些宝宝在感冒时伴有嗓子干疼、鼻塞的症状，家长可把梨洗净后切成四瓣，待煮熟后放入冰糖或蜂蜜，喂宝宝服用。**

治孩子积食后感冒的特效食疗方

还有一些孩子是积食后感冒，积食后容易生内热，有内热的时候容易出虚汗，这时候孩子稍一受风就容易感冒。这时怎么办呢?

任为大夫说，**家长可以到药店买点莱菔子（俗称白萝卜籽），再到市场上买点鲜山楂。把莱菔子 100 克用文火炒熟。然后取等量山楂洗净，将其与莱菔子一同放在水中煲熟，每天分三次喂宝宝服用。一两天过后，您会发现孩子不仅感冒好了，积食也消了。**

38 春季发烧，可用香菜根熬水帮忙退

香菜根熬水，选 250 克香菜根，洗净后放入砂锅中，加入六七百毫升水后将砂锅放在火上熬水。待水熬到剩下原来的三分之一左右时，除去香菜根，然后把熬成的水给孩子喂服。一天 3 次后孩子发烧即可缓解甚至退去。

入春以后，万物萌发，但是沉睡了一冬的病毒细菌也开始活跃起来。另外，春季气温波动非常大，因此孩子很容易发烧。

我们医院儿科大夫郑宏博士说，发热本身是机体对抗感染和免疫细胞对抗病菌的过程。通俗地说，发热时身体内的免疫功能被“激活”，吞噬细胞活性增强，吞噬细胞要吞噬病菌，白细胞要将其处理，并传递给淋巴细胞，淋巴细胞再产生针对性的抗体。因此发热可以说是儿童体内的一道“防护墙”。

如果此时家长不分青红皂白使用抗生素治疗，会对其免疫系统造成伤害。有些家长甚至选用长效激素，如地塞米松等，它的免疫系统抑制作用可以达到 1 个月之久，对婴幼儿本就脆弱的免疫系统伤害更大，家长一定要慎用。因此，家长不要一发现孩子发烧就立刻用上退烧药。用香菜的根熬水，对加速孩子退烧有一定的效果，家长可以试试。

郑宏大夫说，中医上讲，香菜根“内通心脾，外达四肢”，通俗地讲，就是香菜根具有促进周围血液循环的作用，能够促进排汗退烧。

另外，中医认为，“积食易生内热”，如果孩子脾胃功能较弱，很容易导致发烧反复，而香菜根还有“温中健胃”的作用，可以改善孩子的脾胃运化功能。可以说是“双管齐下”。

还有一点值得强调的是，空气传播是春季病菌流通的一个重要方式，在孩子中间极易引起交叉感染。因此家长一定要注意及时对孩子的玩具和生活用品进行消毒，要注意保持室内的空气流通。另外，家长还可以用温湿毛巾擦拭孩子的腋窝、颈部、大腿窝等大血管丰富的部位。这样做的目的是使身体上的水分蒸发，带走一部分热量，从而降温退烧。

上面这个退烧的方法是我采访过郑宏大夫以后，发表在报纸上的。后来报社的编辑还专门打电话告诉我，说很多家长给孩子用了后反映这个方法不错。

39 孩子反复感冒发烧，可用中成药和推拿方

“表虚里热”的孩子买中药颗粒剂玉屏风散服用；“脾胃积热”的孩子吃中药颗粒剂消积散配上三甲散。如果是3岁以下的孩子，不爱吃中药的话，也可以试试小儿推拿。方法也很简单，每天晚上给孩子捏脊一次，每天早晚给孩子补肺经、清大肠各5分钟。

4月底我们医院儿科开一个全国性的学术会，我由于需要写稿就去参加了，会后碰到了儿科副主任医师任献青。出于职业原因，我就问他最近门诊上什么样的患儿多一些。他说春天气温多变，碰到很多反复感冒发烧的孩子。不过他在调理上有个“绝招”，因此很多家长都找他调治。

由于以前经常约任大夫往报纸上写东西，所以他也不等我问，就滔滔不绝地往下说了。

孩子反复感冒时的中成药方

1. “表虚里热”的孩子买中药颗粒剂玉屏风散服用

任大夫说，反复感冒发烧的孩子，门诊上大多分两种类型，第一类是“表虚里热”。这类孩子内有积热，外感风寒，经常是一降温一受风就感冒发烧。这时候家人可以给孩子买中药颗粒剂玉屏风散服用。

2. “脾胃积热”的孩子吃中药颗粒剂消积散配上三甲散

第二类是“脾胃积热”，这样的孩子脾胃里有实热，多会伴有大便

干、手心热、扁桃体爱发炎等症状。这时候，让孩子吃中药颗粒剂消积散配上三甲散，效果比较好。

当然，对付反复感冒的绝招就在用药上。无论哪种类型的反复感冒，家人让孩子服用颗粒剂的时候，不要病一好药就停，也不要天天给孩子吃。最好的方法是隔天吃，可以先让孩子隔上两天服一次。

如果感觉孩子肚子不胀了，不积食了，可以再隔上五天、七天给孩子服一次。这样慢慢给孩子减药，孩子不积食了，反复感冒发烧的概率自然就小了。

任大夫跟我讲了他以前在门诊上碰到的一个小朋友的情况。那个小孩子 4 岁了，总是有积食、大便干。他妈妈以前给他找了个大夫，大夫给开的是含有大黄的泻下的药，孩子每次吃完药很快大便就排出来了，烧也很快退了，但是隔上一个月左右就又感冒了。任大夫告诉那位母亲，孩子大便干结，给用泻药当时会见效，但是以后大便会更干。后来试了试这种用药方法，感冒的次数越来越少，最后一年只感冒了两次。

“治病有缓有急，不必急着见功！”任大夫跟我说。

孩子反复感冒时的推拿方

如果是 3 岁以下的孩子，不爱吃中药的话，也可以试试小儿推拿。方法也很简单，每天晚上给孩子捏脊一次，每天早晚给小儿补肺经、清大肠各 5 分钟。

1. 捏脊

捏脊可以促进气血运行，改善脏腑功能，不仅对反复感冒、发烧等效果都非常好，还对食欲不振、消化不良、腹泻、失眠及孩子疳积等也有很好的效果。建议每个当父母的都学一学。

方法很简单，先让宝宝趴在床上，背部保持平直、放松。家人站在宝宝后方，两手的中指、无名指和小指握成半拳状。然后食指半屈，用双手食指中节靠拇指的侧面，抵在孩子的尾骨处；大拇指与食指相对，向上捏起皮肤，同时向上捻动。两手交替，沿脊柱两侧自长强穴（肛门后上 3 ~ 5 厘米处）向上边推边捏边放，一直推到大椎穴（颈后平肩的骨突部位），算做捏脊一遍，每天 5~9 次即可。

2. 补肺经

孩子的肺经在无名指末节的罗纹面上，顺时针旋推即为补法，称补肺经，每次 5 分钟左右，可补肺益气，增加孩子的肺功能。

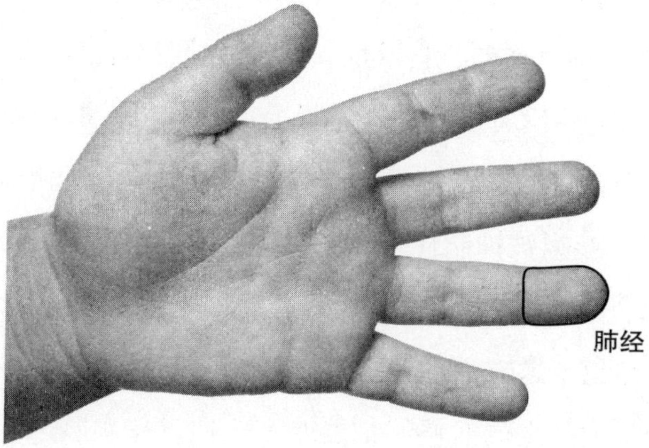

40 孩子咳嗽，家长别用止咳药“掩耳盗铃”

很多家长见不得孩子咳嗽，其实孩子跟大人一样，偶尔咳两声没什么事儿。除非咳嗽过于频繁，或者咳的时候嗓子里有痰，再或者伴有感冒发烧等问题的时候，才需要到医院去找大夫救急。

家长一定要注意，千万不要乱给孩子用镇咳药。

我有一次听一个孩子的健康讲座，时间太久了，我记不清是哪个专家讲了。不过专家的话却深深印在我的心里。专家说，孩子咳嗽，家长给用止咳药，那就是“掩耳盗铃，自欺欺人”，不仅欺骗自己还害了孩子。

孩子的呼吸系统还没有发育完全，没有办法像成人那样将痰液有效咳出，如果一听到孩子咳嗽，就给孩子吃镇咳药，咳嗽就被掩盖住了，记住，是“掩盖”。咳嗽被抑制住后，就会使痰液更难排出，最后的结果就是堵塞呼吸道，不但使咳嗽加重，还容易导致肺部感染。

我自己就差点犯了这方面的错误，孩子两岁三个月的时候，不知道什么原因，每天晚上睡觉的时候，都要咳上几次，每次咳两三声。我看孩子的精神头很好，就没去管，但是这样持续了一个星期，还是好不了。那天早晨，我媳妇就说，去楼下药店里买点止咳药给孩子吃吧。我当时听了觉得还是先听听大夫的，就跟妈妈一起，带着孩子到医院，正好儿科病房里成淑凤大夫在，我就去找她求治。成大夫给孩子用听诊器听了听，说肺上没有事，请放心。

我就问她，要不要给孩子吃一点镇咳药。她就回答，这时候千万不能给孩子吃镇咳药，因为孩子咳嗽从中医上说是肺脏（请注意这一点，中医说的肺指的是一个系统，不是“肺”那个器官，相当于西医的呼吸系统）有痰，这时候应当“宣肺化痰”，才能祛病根儿，如果用镇咳药，当时可能把咳嗽给镇压下去了，但是过一段时间后，肯定又会再次发作。

我听了感觉大受裨益，幸好没自作聪明，给孩子用镇咳药。看完病了，我再三感谢成大夫。同时我跟儿子说：“快，谢谢奶奶。”我说完的一瞬间，心里就后悔了，因为孩子比较顽皮，万一他不说，很丢面子。没想到他当时居然相当听话，大声地对成老师说：“谢谢奶奶！”

我悬着的心落下了，成老师也笑了。

41 冬季如何防治家里宝贝得流感

关于流感的预防，家长可以采用推拿捏脊的方法，推三关、泻六腑各100次，揉脾俞、足三里各100次，清大肠100～200次、补脾经200～300次，捏脊3遍，每日1遍即可。也可用金银花、菊花各15克，水煎之后，慢慢含漱润咽喉。

家长们都是这样，连感冒这样的小毛病都不愿意孩子得，更别说可怕的流感了。

流感就是流行性感冒，是由流感病毒引起的一种急性呼吸道传染病，发病的时候，孩子会出现高热、头痛、鼻塞、咳嗽、咽痛、全身酸痛乏力等症状。流感好发于冬春季，3岁以下婴幼儿是高危人群。由于孩子流感容易并发肺炎、心肌炎、中耳炎、脑膜炎等，所以很多家长必须得想办法尽量让孩子不得这种病。

去年冬天，我听说门诊上得流感的小孩子比较多，就赶紧去找儿科宋桂华大夫问问怎么预防。守着医院这么多好医生，能让孩子不生病才是最好的。

宋大夫说，要想预防孩子流感，家长要注意，别带孩子到商场、游乐场等人员比较聚集的公共场所。最好不要让孩子与感冒、咳嗽患儿近距离接触。最好每天短时间给居室通风换气，孩子餐具、玩具要勤消毒，要勤给孩子洗手，多让孩子喝开水。

流行性感冒发作时，孩子会出现发烧症状。由于发热是身体的一种防御性反应，有利于歼灭入侵的病菌，因此家长不要急于退热。

一般来讲，孩子发热首选物理降温，如温水擦浴、毛巾冷敷、外用退热贴等。如果体温达38.5℃以上，则应采用药物退热，可选用对乙酰氨基酚、布洛芬等制剂，以及中药解热剂如孩子柴桂退热颗粒、羚羊角口服液等。但孩子禁用阿司匹林类药物，以免引起意识障碍、惊厥、肝功能异常、代谢紊乱等不适。

需要强调的是，由于流感是由流感病毒感染引起的，所以使用抗生素是不对症的，而且滥用抗生素还会引起肝肾功能损害、呕吐、腹泻等不良反应，因此家长千万不要给孩子滥用抗生素。孩子早期出现发热、咳嗽、鼻塞等外感症状时，要根据孩子体质和具体病情，辨证属风寒、风热、肺热、积食等后对症选择方药才会有效。合并细菌、支原体感染者才可相应选用抗感染治疗。

关于流感的预防，家长可以采用推拿捏脊的方法，推三关、泻六腑各100次，揉脾俞、足三里各100次，清大肠100 ~ 200次、补脾经200 ~ 300次，捏脊3遍，每日1遍即可。也可用金银花、菊花各15克，水煎之后，慢慢含漱润咽喉。

42 孩子久咳，“花样”真多

孩子站着不咳躺着咳的原因；孩子躺着不咳站着咳的原因；孩子出门咳、活动咳的原因。

有一次，我跟着黄牲大夫坐诊，来了位女士，她说，自己的孩子从10月中旬的一次降温开始，就整天不停地咳嗽，亲戚朋友有的说可能是肺炎，有的说是哮喘，把张女士吓坏了，虽然带着孩子输液两周了，但效果却一点也不明显。

黄牲大夫说，入冬后久咳的患儿非常多，咳嗽的症状是“花样百出”，咳嗽的原因也是多种多样。因此，家长一定要找准咳嗽的真正原因，切勿滥用抗生素，导致孩子机体免疫力低下，诱发咳嗽迁延不愈。

那么，孩子咳嗽的原因到底有多少呢？

孩子站着不咳躺着咳的原因

许多婴幼儿只要站着，走路、玩耍都不会咳嗽，但只要一躺下，就会咳一阵子。其实这与胃食管反流有很大关系。

从生理学角度讲，由于人的咽腔与食管处的pH值不同，因此当胃内的食物反流后会刺激咽腔。而咽腔出于对自身机体的保护，会通过咳嗽来把异物咳出。

许多有经验的妈妈都知道，在宝宝吃过奶后一定要将他竖起来，否则就会出现吐奶。因此，如果有的婴幼儿出现站着不咳躺着咳的情况，一定要警惕是胃食管反流所致。

孩子躺着不咳站着咳的原因

还有一些孩子躺在床上的时候不咳嗽，一站起身就开始出现间歇性的咳嗽，家长要注意，这类孩子多为鼻窦炎或者过敏性鼻炎所致。当患儿站起身的时候，由于重力的作用，鼻腔内的分泌物会流到鼻咽窝中，进而气管会出现保护性的咳嗽。

孩子出门咳、活动咳的原因

家里有暖气的家长反映，天气转冷后自己的孩子在室内也没什么事儿，一出门就咳嗽。而家里没有暖气的家长会说，夜间睡觉时一脱衣服就会咳几下，刚从热被窝里出来的时候也会咳嗽。这类久咳患儿多是对冷空气过敏所致，与突然遇冷有关。还有些孩子在活动过后会咳个不停，这主要是因为活动后深呼吸，吸入的冷空气过多所致。

43 孩子的支原体阳性
并不能说明病根就在支原体

郑启仲大夫说：“我曾经就是抗生素的受害者。我作为大夫，平常非常注意饮食，感觉脾胃功能还算不错，竟然受不了抗生素的刺激，更何况是小孩子呢？”

孩子出生以后，我就经常跟着儿科的大夫们坐诊。一来增加一些孩子防病的知识，二来也可以给专家写些文章。这次，我跟着坐诊的专家是郑启仲，全国名老中医，看小儿病非常拿手。这天，来了一家三口，小孩子 3 岁。郑大夫在问诊的时候，我在边上听着。

孩子的父母说，跑了好几家医院了，前前后后治了两个月，孩子的支原体仍然是阳性，真愁人！郑大夫看了看以前的病例本，发现孩子仅阿奇霉素就输了 3 次，最长的输了 11 天。他给孩子检查了一下，发现孩子肚子胀，面色晄白，吃得还很少，就给孩子开了 5 天的中药颗粒，叮嘱家长吃完后再过来看看。但是家长很不满意，强烈要求进行“中药 + 抗生素”治疗，理由是孩子现在支原体阳性。

像这样的病例在儿科门诊上很常见，很多家长觉得检查结果必须得正常，不正常就是孩子的病没好。可以说是“认结果不认人”。

郑大夫当即回答，支原体阳性并不能说明孩子的病根就在支原体。

家长还是不信。于是郑大夫对孩子的父母说：“让你们去做支原体检查，说不定你们就是支原体阳性。”看着他们怀疑的眼神，他给孩子的父母开了两个检查单。半小时后，那对夫妻过来了，果然，两个人都是支原体阳性。

难道是检查有错吗？当然不是！

孩子的父母非常不理解。

郑大夫给这对夫妻打了个比方说："你在医院里发现以前你见过面的小偷，但是这个小偷这次来医院没有偷东西，他是来看病的，你能喊警察来抓他吗？造成孩子发烧咳嗽的原因很多，可能是支原体，也可能是病毒感染或细菌感染，不能因为咽部存有支原体就判断是支原体感染。也就是说，检查结果只是其中的一个参考，给孩子看病还要参考其他症状。像这个小孩子，他已经不发烧不咳嗽了，为什么非要给孩子输抗生素让孩子的支原体转阴呢？"

孩子在用抗生素治疗支原体感染时一定要慎重

首先必须肯定阿奇霉素、罗红霉素等抗生素在治疗支原体感染时有一定的效果，它们都是大环内酯类抗生素。这类药又有胶囊，又有片剂，又可以输液，还不用做皮试，用起来非常方便，所以很多医生家长都非常喜欢用它。但是，它的副作用非常明显，近期能看到的是对胃肠道的刺激，很多孩子一边输抗生素一边呕吐，还有很多孩子输完后就肚子胀，吃不下饭，有的甚至因此得了厌食症。远期的看不见的副作用是肝脏损害。

郑大夫当时说了自己的一个经历："我曾经就是抗生素的受害者。2003 年，我咳嗽一直不好，检验科的一个同事说给查个支原体吧，一查发现为阳性，他就推荐我吃阿奇霉素。我吃了一盒，还是进口的，结果咳嗽非但没好，肚子反而开始发胀，吃不下饭。"

"出于职业的敏感，我怀疑是不是胃里有肿瘤，又赶紧去做了个彩超检查，发现什么都没有。后来我仔细看了阿奇霉素的说明书，才发现它确实可以对胃肠道造成刺激。这番肚胀给我造成了很大的麻烦，我断断续续又吃了两个月的中药，才把胃胀给调理好。当时我就在想，我作为大夫，平常非常注意饮食，感觉脾胃功能还算不错，竟然受不了抗生素的刺激，更何况是小孩子呢？”

所以，请各位家长注意，即使孩子咳嗽时检查支原体为阳性，也应综合考虑各种因素。尤其是很多孩子的检查结果为一个加号一个减号的弱阳性，使用抗生素更应慎重。这时候完全可以吃些清热利咽、宣肺止咳、化痰平喘类的中药，比如顿咳散、葶苈散、清肺散、泻白散等。

44 孩子秋季咳嗽，可吃“梨馒头”

中国的古人把秋天叫做“多事之秋”，这个成语放在小孩子身上尤为适合。

入秋以后，天气干燥，气温波动也比较大，而小孩子的肺脏比较娇嫩，很容易出现呼吸系统疾病。孩子秋季咳嗽就是其中一种。需要提醒的是，当父母的千万不要小看了秋季咳嗽，如果没有及时止住的话，就容易发展成支气管炎、肺炎等，那就麻烦了。

如何预防孩子秋季咳嗽呢？马丙祥主任医师说，有个食疗方效果不错。准备的原材料也很简单。

孩子秋季咳嗽的特效食疗方

1. 准备梨1个、川贝3～5克、蜂蜜适量、面粉适量。

2. 做的时候先将梨去核，注意不要削皮，然后把川贝放入梨去核的位置；

3. 把蜂蜜与面粉（用发酵后的面团更好）混合做成面团，面团应稍硬。

4. 然后用面团擀成片把削好的梨全部包起来，放在锅中蒸熟即可。

5.1 日 1 个，可治孩子秋季咳嗽。

6. 如果孩子还小，只有几个月大，还不能吃，那就用梨、川贝熬水后加上蜂蜜喝也可以。

梨大家都很熟悉，但是很多年轻的父母们不知道，梨有止咳化痰、生津解渴、退热解毒、润肺助消化等功效。从现代营养学上分析，梨还含有多种营养成分，如蛋白质、脂肪、碳水化合物、维生素 B_1、维生素 B_2、维生素 C 等有机成分，并且还富含钾、钠、钙、镁、硒、铁、锰等微量元素。川贝有润肺止咳、祛痰化喘的作用，中医大夫给孩子治呼吸系统疾病，常常会用到它。蜂蜜在这里也必不可少，因为它润燥的效果非常好。另外，它还可以润肠通便，中医上说“肺与大肠相表里”，肠道通了，肺气就畅了。

马丙祥主任跟我说，这个方子跟很多家长都说过，反响普遍都非常好，用这个做馒头，换了种口味，孩子们特别爱吃，有些孩子还嚷着让家长再给做着吃。

45 冬春季孩子得了支气管炎怎么办

孩子生病了，家长特想帮忙一下，可是总感觉“有劲儿使不上”，其实家庭护理也是帮助疾病恢复很重要的一环。比如给孩子做点药粥，就可以给孩子无形的力量！

冬春季是小儿毛细支气管炎的高发季节，许多宝宝在用了几个月的抗生素后，仍然咳个不停，让许多父母揪心不已。

我爱人同事家的孩子小宝将近 3 岁了，3 周前被诊断为小儿毛细支气管炎（简称“毛支”），进行输液治疗 8 天后病情得到了很大的缓解，就是喉间的痰有点多。小宝的妈妈想，再接着给宝宝输几天巩固一下吧。可是没想到又输了十几天液后，孩子又出现了发热、憋喘等症状，症状似乎又加重了。没办法了，让我打电话问问大夫，看现在这种情况怎么办。

我第二天上班就问了一下儿科主任医师赵坤主任。她说，小儿毛细支气管炎多见于小婴儿，以 2 ～ 6 个月的宝宝最为多见，大部分患儿有湿疹史，或亲属中多有过敏性鼻炎或哮喘等病史。绝大多数不发高热，以咳嗽、喘息、有痰为主，精神状态一般较好。小儿毛支多数是病毒感染，很少合并细菌感染。通常采取抗病毒配合超声雾化，除非合并有细菌感染才应用抗生素。

若非心脏畸形、异物吸入等特殊原因引起的咳嗽、喘息，采用抗感染、雾化治疗效果不佳时可选用中药治疗。中医认为，小儿毛细支气管炎主要是痰涎堵气道所致，多数患儿形体稍胖，加之婴儿期特殊的生理特点——脾胃常虚，内易生痰浊，外易被风热或风寒侵袭，引动体内伏痰，从而表现出喉中有哨音、呼噜声等。临床上多辨为痰湿闭肺、风寒或风热闭肺之证，常选用小青龙汤、射干麻黄汤、定喘汤、麻杏石甘汤等加减治疗。

毛支不好治，孩子咳不停、闹不止，家长也难以安心。中医有句话叫“胃不和则卧不安”，在小儿毛支恢复期，家长根据孩子的症状有针对性地做一些药粥，对宝宝恢复也可起到很大的促进作用。

脾虚多痰的孩子吃山药、云苓煮的粥

脾有运化食物中的营养物质、输布水液以及统摄血液等作用。脾虚则运化失常，因而脾虚多痰的孩子多伴有大便次数多、饮食不佳、面色苍白或发黄、咳白痰等症状。家长可用具有健脾除热、益气安神作用的山药、云苓煮粥，对宝宝的恢复有很好的效果。

肺热多痰的孩子吃“川贝红梨炖冰糖”

此类患儿咳出痰的颜色多为黄稠状，并且伴有鼻腔干燥、手脚心发热等症状，有一道美味叫“川贝红梨炖冰糖”效果不错，也许宝宝喝过后会用症状减轻来回报妈妈的良苦用心。它的具体做法是：取红梨1个用清水洗净，然后在红梨中削一个孔把芯去掉，选3 ~ 5个川贝（也可把川贝磨成粉）放入孔中，然后放入500克水中煮沸，再放入冰糖。待冷却至适合温度即可给患儿服用，也可把煮好的红梨弄成小块状或糊状喂孩子服下。

湿盛多痰的孩子喝陈皮、白萝卜熬的水

此类毛支患儿多舌苔厚腻、腹部胀满、咳白痰、喉间有痰鸣、常伴有喘等症状。此类患儿的家庭食疗也很简单，取适量的陈皮、白萝卜熬水喝即可起到一定的效果。

孩子生病了，家长特想帮忙一下，可是总感觉“有劲儿使不上”，其实家庭护理也是帮助疾病恢复很重要的一环。按照上面的方法，给孩子做点药粥，可以给孩子无形的力量！

专家精彩解答录

家长：我的孩子前阵子被诊断为小儿毛细支气管炎，因为没有治好反复发作。前两天去找大夫检查，大夫说是哮喘，请问，毛支怎么就突然变成哮喘了呢？

赵坤主任医师答：门诊上也有些婴幼儿反复发作数月，家长仍然给要求孩子进行输液治疗。也有一些婴幼儿毛支反复发作后，到医院检查被确诊为哮喘。家长很奇怪，自己的孩子前阵子还是毛支，怎么就突然变成哮喘了呢？如果婴幼儿毛细支气管炎发作 3 次以上，家长应高度警惕哮喘的存在。此时要追问患儿的家族史，患儿以前有无湿疹史，经抗生素治疗无效时用支气管扩张剂是否有效等来综合判断。

如果上述条件均具备，孩子可能患的是哮喘。这时可在医生的指导下先用白三烯受体拮抗剂治疗看是否有效，如果药物对孩子有效，即可初步诊断为哮喘。值得强调的是，哮喘是过敏性疾病，因而哮喘患儿不需要使用抗生素，用口服中药或吸入激素、口服顺尔宁即可，有些家长见喘就用抗生素，结果造成孩子免疫功能受损。

46 孩子肺炎治愈后的止咳化痰食疗方

其实，肺炎治愈后出现咳嗽、多痰等症状很正常，就好比皮肤划破后会暂时结个小疤一样。但是，如果能让这个“疤”好得快一些的话，那家长们会更放心了。这时候，中医上的止咳化痰方效果就非常好。

自从有了孩子以后，想必很多家长都不敢听到肺炎两个字。事实上也真是这样，虽然现在的医学已经比较发达了，但还是有很多孩子因为肺炎而夭折。孩子一旦得了肺炎，家长总希望孩子能好得透透的。

但是现实总是往往不那么如人意啊！门诊上有很多孩子，在肺炎达到临床治愈出院后，嗓子里还会有痰。这时候家长会陷入两难的境地，接着给孩子再输一段时间的抗生素吧，在治疗的时候已经输了很长时间了，害怕孩子受不了；不输的话，又担心孩子没好彻底，病情会反复。

其实，肺炎治愈后出现咳嗽、多痰等症状很正常，就好比皮肤划破后会暂时结个小疤一样。但是，如果能让这个“疤”好得快一些的话，那家长们会更放心了。这时候，中医上的止咳化痰方效果就非常好。

在门诊上，孩子肺炎后有痰常见于两种情况，我一并把专家给我的食疗方写在下面：

好妈妈枕边书

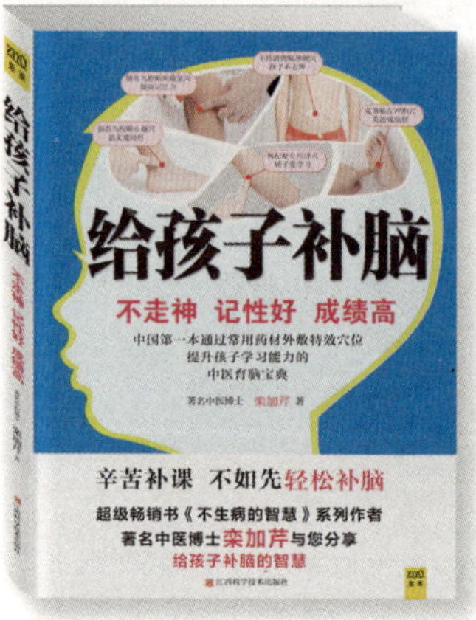

《给孩子补脑：
不走神、记性好、成绩高》
出版社：江西科学技术出版社
书号：978-7-5390-5231-1
定价：32元 开本：16开
出版日期：2015-1

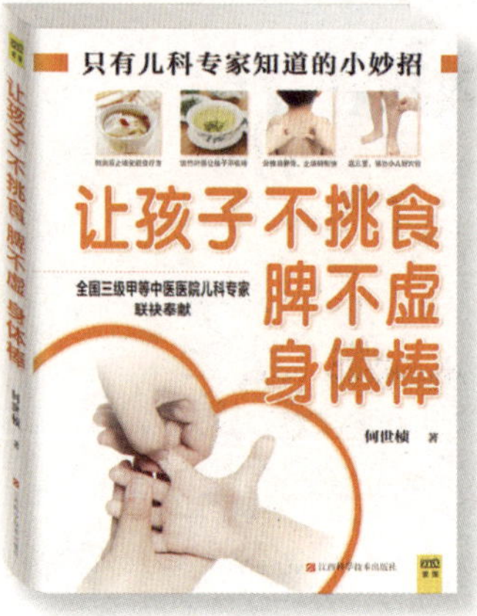

《让孩子不挑食、脾不虚、身体棒》
出版社：江西科学技术出版社
书号：978-7-5390-5209-0
定价：32元 开本：16开
出版日期：2014-11

《让孩子不发烧、不咳嗽、不积食》
出版社：江西科学技术出版社
书号：978-7-5390-4791-1
定价：32元 开本：16开
出版日期：2014-1

《脾虚的孩子不长个、胃口差、爱感冒》
出版社：江西科学技术出版社
书号：978-7-5390-5178-9
定价：32元 开本：16开
出版日期：2014-9

肺炎治愈后出现咳嗽、多痰

材料：成人指头大小的白萝卜3条、成人半个手掌大的橘子皮1块、冰糖适量。

做法：取白萝卜、橘子皮熬水，待水沸后加入冰糖，以稍感甜味为宜，每天喂孩子服用。

马丙祥主任医师点评：肺炎后出现咳嗽、多痰，与肺气不畅有关，白萝卜性平，具有顺气消食的作用，橘子皮具有行气化痰的作用，冰糖则可止咳。

肺炎后稍有痰，痰发干发黏，患儿或还伴有乏力、发热等

材料：梨1个、川贝母数个、蜂蜜。

做法：取梨、川贝母熬水，待水沸后加入蜂蜜，每天喂孩子服用。

马丙祥主任医师点评：肺炎后出现乏力、有痰、发热等症状时，与肺阴受伤有关，梨可清热润肺，川贝母可养阴润肺。但是要强调的是，家长到药店购药的时候，一定要记清是川贝母，而不是浙贝母，因为浙贝母性寒、味大苦，作用为清热散结，与川贝母的作用大不相同。

大学同学家的孩子，因为肺炎在我们医院住院。孩子住了十来天，简直是度日如年。好不容易出院了，同学第二天又打电话过来，说孩子偶尔会咳嗽，咳的声音不是那种特别响亮的声音，而是“枯、枯”声，一听嗓子里就有痰。马丙祥主任就让他用白萝卜、橘子皮给孩子熬水喝，3天就好了。

47 孩子久咳需要先健脾

许多家长一到冬天生怕孩子冻着，让孩子穿非常厚的衣服，有的甚至穿七八层，这样的孩子易出汗、易受风、易感冒，自然容易使咳嗽加重、迁延不愈。中国有句俗话叫“欲要小儿安，耐得三分饥和寒”，就是这个道理。

许多婴幼儿一到秋冬季就久咳不停、缠绵难愈，消炎药用了很多，但作用并不明显。有一个报社的编辑约我写一个孩子久咳的稿子，我就找到了黄甡大夫。

我很喜欢去采访黄大夫，因为他出身中医世家，从小就学中医，功底非常扎实。而且他讲课能深入浅出，把很多很难理解的中医知识转化成通俗易懂的语言。

黄大夫说，中医有句话叫“初咳在肺，久咳在脾，喘在肾”。也就是说，婴幼儿在咳嗽初期的时候问题多出在肺上，是由肺气上移导致的咳嗽。但是，久咳则是由于“痰随气升，阻于气道”引起，而“脾为生痰之源、肺为出痰之气”，因此，要想让久咳患儿停止咳嗽，不仅要止咳，健脾化痰更为重要。

一般来讲，孩子初咳时用药一定要对症，否则就会导致久咳。孩子初咳多分为风寒咳嗽和风热咳嗽。风寒咳嗽患儿多伴有鼻塞、流涕、咽痒、咳白痰等症状，需要选用麻黄、杏仁、甘草、细辛等进行解表、宣肺、止咳的药物治疗。

而风热咳嗽除了有鼻塞、流涕外，还会伴有咽红、咽疼、咳黄痰等，治则应是清热、疏风、宣肺，选用桑叶、菊花、薄荷等中草药效果会更好。

如果孩子出现久咳的话，就应当以健脾、化痰、止咳为主了。一般可用党参、白术、陈皮、半夏等进行治疗。值得注意的是，对于脾胃功能本身发育就不完善的孩童来讲，家长在为其选用具有补脾作用的食物的时候，最好运用“平补”的方法，选择性平味甘的、容易消化的食物，如大枣、南瓜、粳米、马铃薯等。

当然，“咳喘”的患儿在门诊上也非常多见，他们大多呼吸表浅，吸气困难，表现为吸气时张口抬肩。中医有句话叫“纳气责之于肾，呼气责之于肺”，因此，如果有的孩子出现咳喘的时候，对肾脏的调理非常重要。

另外，家庭护理不当也是造成孩子久咳难愈的一个重要原因。许多家长一到冬天生怕孩子冻着，让孩子穿非常厚的衣服，有的甚至穿七八层，这样的孩子易出汗、易受风、易感冒，自然容易使咳嗽加重、迁延不愈。中国有句俗话叫“欲要小儿安，耐得三分饥和寒”，就是这个道理。

再者，从饮食上来讲，高蛋白的食物摄入不宜过多。门诊上发现，久咳的患儿多伴有大便干结，这主要是因为蔬菜摄入得过少，导致纤维素缺乏而无力促使肠道蠕动。中医讲“肺与大肠相表里”，因此，“大便不排，肺气不畅”，咳嗽自然难以停止。

黄大夫说，有两个健脾胃的的食疗方，家长可以给孩子做一做。

山药饼

1. 选淮山药200g、鸡内金50g、面粉250g（蒸馒头用的发酵面团）。

2. 把山药和鸡内金碾细粉，用上面的方法做10个小面饼，蒸熟即可食用。

3. 山药饼可以健脾和胃、补肾益气，一般的消化不良、食欲不振的人群均可食用。

萝卜饼

1. 选白萝卜250g、面粉250g（蒸馒头用的发酵面团）、瘦猪肉100g，将白萝卜洗净后切碎，放在开水中煮3分钟后捞出。

2. 然后将瘦肉切碎，并与萝卜混在一起后，再用刀剁成馅。加入葱、姜、蒜、盐、味精等调料。

3. 将面团做成10个左右的小面饼，将馅放入面饼中包好，做成饼状，放在蒸锅中蒸熟。

4. 萝卜饼可以促进消化、增强食欲，可以起到健脾胃的作用，尤其对于食欲不振、食后腹胀的孩子效果较好。

48 孩子不管什么原因咳嗽，分推肩胛骨就好

中医在治疗咳嗽方面有一个非常好用的手法，叫“分推肩胛骨”，操作方法也很简单，用两拇指端分别自肩胛骨内缘由上向下做分向推动，分推100次左右即可，可以调肺气、补虚损、止咳嗽。各种类型的咳嗽，寒咳、热咳、支气管炎、肺炎、哮喘，都可以用这个手法。

为什么分推肩胛骨可以调肺气呢？不知道家长注意到没有，人的两个肩胛骨是呈扇形的，它其实正对应着人的两个肺脏，通过分推肩胛骨，从而可以起到宣肺、益肺的作用。

肩胛骨上有两个穴，一个是肺俞穴，一个是风门穴。

肺俞穴的作用，中医上说它可以“双向调节”——补虚清热。也就是说，孩子肺气虚弱了可以补虚；肺脏有热了，可以清热。

风门穴，我们来咀嚼一下这个穴位的名字就可以知道，风，就是风邪的意思，门，就是大门的意思。那么，这个穴位就是掌管风邪出入身体的门户。《会元针灸学》上说：“风门者，风所出入之门也”。而《针灸甲乙经》则说了风门穴的功效：“风眩头痛，鼻不利，时嚏，清涕自出，风门主之。”

所以，孩子咳嗽的话，家长不要感觉到手足无措，老想着用药，可以每天早晚给孩子分推100次肩胛骨，再配上药物治疗，也许您会发现，

孩子的咳嗽痊愈得特别快。如果孩子的咳嗽症状比较轻，您一推，很可能病就好了。

全国名老中医高清顺的儿子高山，有一次跟我说，他的女儿从小到大，很少得咳嗽、支气管炎、肺炎，因为小时候一出现咳嗽，都是用这个方法给推的。当然，女儿小时候即便没有咳嗽，他也会给女儿用这个手法进行推拿，因为保健预防同样重要，爱孩子，功夫要下在平时。

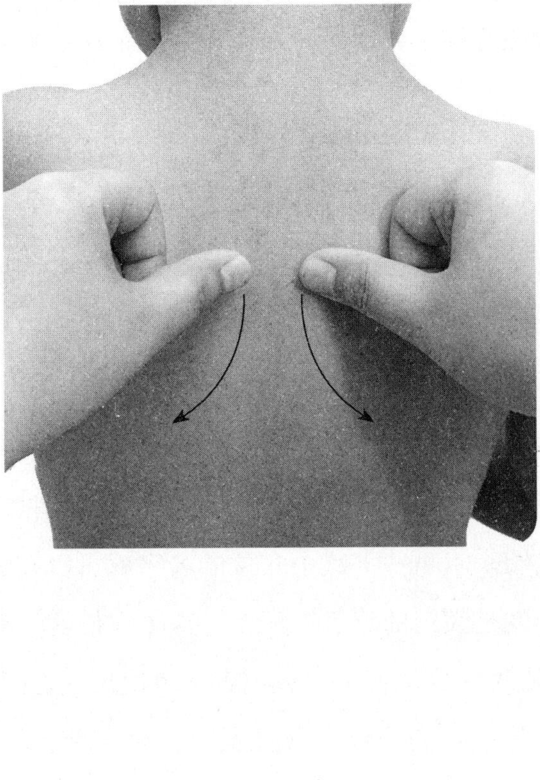

49 爱吃凉东西的孩子爱便秘

很多孩子回到家第一件事就是打开冰箱拿冰棒、冷饮吃。但是，由于小儿的脾胃功能本身比较虚弱，因此很容易遭受寒凉之邪，积结肠胃，从而影响到胃肠的蠕动，时间长了就会便秘。

我们医院的国医堂，都是比较知名的老专家在坐诊。去年 9 月，夏秋之交，我到国医堂一个看小儿病非常好、用中药非常厉害的全国名老中医郑启仲主任医师的门诊上。我上午 9 点过去的，那时候诊室外面已经挤满了人。我进到郑老师的诊室以后，就搬了个高凳，拿个小本子坐在他边上看他给小孩子看病。

这时候，来了一个孩子，家长反映说有便秘。郑老师给孩子做了检查后，说这是“寒秘”，跟过食寒凉有关。

家长一听，很不理解，一副迷茫的样子。我一听，也觉得很新奇。

为啥呢？一说到便秘，很多人会想到这跟上火、体内有热有关。简单理解，体内有火，大便干，才会便秘嘛！

要不说当家长的都好奇呢，恨不得把自己孩子的病弄得清清楚楚的。家长问的果然也是我心里想的。

郑老师说，看病要与时俱进才行。中医上有种说法叫“冷积”，过去虽然不多见，但是近年来发病率却越来越高。原因很简单，随着冰箱的普及，很多孩子一年四季都可以吃到冷饮。尤其是夏天，很多孩子回到家第一件事就是打开冰箱拿冰棒、冷饮吃。但是，由于小儿的脾胃功能本身比较虚弱，因此很容易遭受寒凉之邪，积结肠胃，从而影响到胃肠的蠕动，时间长了就会便秘。

这类孩子除了表现为大便干，如算珠状、羊屎状便外，还多表现为怕冷、手脚发凉、胃部腹部发凉等。这时候单纯用泻下的药物大多效果不好甚至无效。有些医生给孩子开出大黄、芒硝等泻下的药物甚至还会加重病情。原因很简单，大黄这一类的药虽然清热、泻下作用较好，但是多为苦寒之品，而小儿冷积便秘以后，胃肠道里的阳气本身就比较弱，再用泻下的药物，只能加重病情。

郑老师说，对付冷积便秘，可用附子大黄汤加减治疗。附子大黄汤也叫大黄附子汤，是《金匮要略》里的一个名方。这道汤剂里虽然也用到了有泻下作用的大黄，但是其中的附子却性热，是“温里药”，《主治秘要》中说，附子可以“去脏腑沉寒；补助阳气不足，温热脾胃”，这样一来，整个方子是以“温补脾肾，通脏降浊（大便）”为主，不仅可以除便秘，还可以祛除胃肠道里的寒凉之邪，强健脾胃。

跟着那些有名的中医看病，真是一种享受，老大夫说话简单明了，思路清晰流畅，两三分钟，引经据典，家长听得明明白白。

50 便秘的孩子肛裂怎么办

蛋黄油具有生肌润燥的作用，可促进创面愈合，民间常用来治疗烧伤和久治不愈的慢性溃疡。槐菊饮中槐米清热通便，凉血止血；菊花能疏风泻火。二药以槐花蜜为引，不仅增加了其泻火润肠通便功效，还因其味甘甜易于被孩子接受。

有一天，我跟着儿科主任医师马丙祥坐诊，3 岁的阳阳在妈妈的带领下来看病，当时又哭又闹，生怕打针吃药。妈妈跟马丙祥主任说，阳阳从小挑食，不吃蔬菜，经常大便干结。这两个月大便时肛门疼痛，带少量鲜血。最近一周蹲厕时老是哭闹喊痛，解不出大便。马丙祥主任检查后说，阳阳患的是早期肛裂。

小儿肛裂一般是由长期便秘引起的，其症状以疼痛、便血为主，会给小儿排便带来极大的痛苦。长期肛裂还会造成小儿因恐惧排便而不敢进食，导致营养不良，影响其生长发育。如发展为陈旧性肛裂，还需手术治疗。所以，对于小儿肛裂，一旦发现，应及早治疗。

马丙祥主任向阳阳的妈妈介绍了一种早期肛裂的自我疗法，具体方法如下。

外敷蛋黄油

1. 将鸡蛋 10 枚煮熟，去壳和蛋清。

2. 将蛋黄放入锅内，中火持续翻炒。约 15 分钟后，蛋黄炭化变黑。继续煎炒 5 分钟，即可出现黑褐色浓稠蛋黄油。

3. 去渣留油，每日便后清洁肛门，用棉签将蛋黄油涂于肛门裂口处。每日两次，连用 10 天。

内饮槐菊饮

1. 槐米 10 克，菊花 10 克，清水洗去浮尘，加开水 500 毫升冲泡。

2. 饮用时加槐花蜜适量，一日数次，当茶频饮。（注意：这里的槐米是一种中草药，不是平时所说的槐花，最好到药店去买。）

采用此法治疗第二天，阳阳大便已顺利排出，疼痛减轻。第 7 日，妈妈带阳阳到门诊复诊，说每天排软便一次，排便时已不再喊疼。经检查阳阳肛裂面已愈合，马丙祥主任便嘱咐多让孩子吃蔬菜、水果，常喝槐菊饮，以防大便干结。

马丙祥主任说，蛋黄油具有生肌润燥的作用，可促进创面愈合，民间常用来治疗烧伤和久治不愈的慢性溃疡。槐菊饮中槐米清热通便，凉血止血；菊花能疏风泻火。二药以槐花蜜为引，不仅增加了其泻火润肠通便功效，还因其味甘甜易于被孩子接受。这种自我疗法方法简单，没有痛苦，用于成年人早期肛裂的治疗效果也很好。

51 如何让孩子养成良好的排便习惯

小儿有便秘的话，大肠经会有火，这时候就会传导给肺脏，时间久了，孩子就会产生“肺热”，孩子就有可能发烧、咳嗽。其实，便秘还会影响到孩子的消化功能，造成食欲减退。

中医诊病，讲究望、闻、问、切，这是宝贝。我在医院待时间久了，也学了一点。后来有了孩子，我发现知道这个宝贝太好了。我一年到头要上班，平时跟孩子在一起的时间比较少，早晨七点就要出门，孩子还没有醒或者刚醒。白天一天不在家，只有晚上能跟孩子在一起玩一两个小时。但是我隔三五天就问问妈妈，孩子今天拉臭臭没？

当然，我也不用天天问，为啥呢？昨天拉臭臭了，今天肯定不能叫便秘。

很多家长不知道便秘的危害，但是我知道。人体三大排毒方式，排汗和大小二便，大便占据非常重要的位置。

孩子经常便秘的话，危害非常大。这里我把便秘的第一大危害送给“肺热”，因为很多家长特别害怕孩子发烧、咳嗽、肺炎等。中医说，肺与大肠相表里。小儿有便秘的话，大肠经会有火，这时候就会传导给肺脏，时间久了，孩子就会产生“肺热”，孩子就有可能发烧、咳嗽。

其实，便秘还会影响到孩子的消化功能，造成食欲减退。便秘时粪便滞留体内，会分泌大量的有毒物质，造成孩子的肠胃功能紊乱，进而导致孩子食欲减退，影响营养成分的摄入和身体的正常发育。

如果经常便秘的话，会导致孩子的血铅升高、微量元素缺乏，免疫力下降。而另外的一些有害物质如甲烷、酚、氨等进入中枢神经，会对大脑造成干扰，让孩子记忆力下降、思维迟钝、学习能力低下。

孩子便秘了，好爸爸好妈妈们要反思了。因为便秘跟家长的喂养及呵护有直接关系。

首先就是饮食过精。有一次，我们医院赵坤大夫在做讲座的时候就告诉家长，啥对孩子好？粗茶淡饭就是好。现在很多家长给孩子吃的食品都是些精细粮食制品，孩子很少吃粗纤维的食物，这就容易导致便秘。

其次是没有让孩子养成排便的习惯。我们医院有一次举办学术讲座，马丙祥大夫、郑宏大夫把咱们国家一位非常有名的儿科大夫鲍秀兰老师给请来了。鲍老师说，咱们老祖宗留下一句话，叫“三岁看大，七岁看老”，很多家长觉得三岁以前的孩子能吃能喝就行了，至于学习那是上学以后的事。这是非常不对的，有些习惯一定要让孩子在三岁以前养成。小孩子有很多非常漂亮的坐便器，家长一定要让孩子每天按时坐盆排便，以养成良好的排便习惯。

说到这里，记起我儿子一岁半的时候，我妹妹家的女儿正好半岁。我媳妇早在孩子半岁的时候就给他买了一个坐便器，形状像个小车，坐上去，手可以扶着，前面还有按钮，一按就能听一些儿歌。但我儿子并没有养成按时坐便的习惯。有一次回老家前，媳妇说，把坐便器送给妹妹家吧，反正搁家里也没用。我欣然应下了。

我开着车，把爸爸、妈妈和儿子送回家，老家在农村嘛，让孩子经常回老家住一段时间，对他也有好处。

没想到一星期以后，我去接他们回郑州，到了妹妹家，正看见儿子坐在坐便器上拉臭臭。我就很奇怪，为什么在我眼皮底下，一年都不会用坐便器，到了妹妹家一个星期就会了？

妹妹笑着说，有句俗话叫“一猪不吃糠，俩猪吃得香”，他看见他妹妹坐，他也跟着要坐。

后来，我发现儿子会用坐便器以后，真的省事多了。原来在家的时候，他想拉臭臭的时候，就会“就地解决”，不管在哪儿。这时候爸爸妈妈就得等他拉完了，弯下腰蹲下身子给他处理。家里的地板还要再拖一拖，非常麻烦。现在他会用坐便器了，每天早晨他起床了，就让他坐在坐便器上拉臭臭。而且，他自己想拉臭臭的时候，也会忍着，找到坐便器再拉。儿子不仅给家人省了事，更重要的是养成了一个好习惯。

52 孩子伤食泻怎么办

揉腹、揉足三里、揉背俞穴、捏脊。另外，不妨给孩子做一道“冬瓜虾仁粉丝汤”。做的时候，先把冬瓜切成小块，鲜虾剥壳，挑去虾线，用盐和料酒拌上。然后在锅内放少许油，下姜丝和葱段，煸出香味，倒入冬瓜稍炒；加入水，煮至冬瓜快熟，放进虾仁、粉丝，稍煮，加盐即可（可根据自己的喜好加一些佐料）。

跟大学的一个同学一块儿吃饭，我们都当爹了，因此话题自然落到了孩子身上。同学的孩子比我家孩子大一岁多。他说，自己的女儿食欲特别好，一顿光鸡翅都能吃好几个，但是吃完就拉肚子，最近一年来总是这样。我当时答应帮他先找个专家打听一下。

第二天，我来到全国名老中医、医院推拿科主任医师高清顺的诊室里。高清顺老师说，这是伤食泄。小儿伤食泄是一种多病因、多因素引起的疾病，是造成小儿营养不良、生长发育障碍甚至死亡的原因之一。

关于小儿伤食泄，高清顺老师曾经总结出了一套非常好的方法，取名叫“高氏揉捏法”。由于这套方法具有取穴精、操作简便的特色，疗效明显优于传统疗法，因此它已经作为一项课题，在国家中医药管理局立了项。

高清顺说，小儿由于脏腑娇嫩，“脾常不足”，乳食不节，易伤及脾胃。脾胃受伤，不能熟腐水谷，则水反为湿，谷反为滞，水谷不分，并走大肠，终成积食泄泻。此时治则应为健脾和胃，消积导滞。

揉腹

患儿仰卧，中指放于孩子神阙、天枢穴，食指放于中脘穴，力度以皮肤凹陷 3 至 4 毫米为宜，顺时针方向揉腹 5 至 6 分钟。

揉足三里

患儿仰卧，双下肢微屈。医者以两拇指指腹放于患儿两侧足三里穴，力度以皮肤凹陷 2 至 3 毫米为宜。左手逆时针，右手顺时针方向旋揉 2 至 3 分钟，频度每分钟 80 至 100 次。

揉背俞穴

患儿俯卧，医者食指、中指、无名指并拢分别放于脾俞、胃俞、三焦俞，力度以皮肤凹陷 1 至 2 毫米为宜。点揉 2 至 3 分钟，先左侧，后右侧。

捏脊

患儿俯卧，医者两拇指桡侧缘顶住患儿背部皮肤，余四指放于拇指前方，十指同时用力提拿皮肤。沿脊柱两侧，先从大椎穴向下，至长强穴重复提捏 3~5 遍。再从长强穴向上至大椎穴处重复提捏 5~9 遍。

由于是科研课题，高老师还对治疗的小儿有效率进行了统计。结果显示的疗程疗效为：每日治疗一次，7 次为一疗程，平均治愈率为 96.96%。对照组采用传统常规手法，每日一次，一周后治愈率为 88.09%。两组有明显差异。

推拿治疗小儿腹泻收效快，经济简便，使自己的孩子免受针药痛苦，易于配合。并且，这种方法克服了传统推拿手法的烦琐，取穴精，操作简便，对于3个月至7岁伤食型腹泻患儿疗效明显优于传统手法。

该手法通过揉腹、揉足三里、揉背俞穴使消化器官的兴奋性提高，通过捏脊改善大脑皮层植物神经功能，从而增强胃肠消化吸收功能。现代医学研究证明，脾俞、胃俞穴相对应的皮下阶段性神经分布属8～12胸髓，与胃的支配神经阶段相重叠。因此，揉此二穴可以通过植物神经的交感、副交感神经调节胃肠功能活动，从而起到治疗作用。

在饮食上，孩子拉肚子，一定不能做大鱼大肉给孩子吃。因为孩子腹泻的时候，胃肠道功能较差，大鱼大肉反而会造成病情反复加重。

高清顺老师说，孩子拉肚子的时候，家长不妨给孩子做一道“冬瓜虾仁粉丝汤”。做的时候，先把冬瓜切成小块，鲜虾剥壳，挑去虾线，用盐和料酒拌上。然后在锅内放少许油，下姜丝和葱段，煸出香味，倒入冬瓜稍炒；加入水，煮至冬瓜快熟，放进虾仁、粉丝，稍煮，加盐即可（可根据自己的喜好加一些佐料）。

在这道汤里面，冬瓜富含维生素，虾仁可以补充蛋白质，粉丝内富含碳水化合物，这三种食物内人体必需的三大营养物质都包含得非常全面。并且，整道汤还具有清热解毒、利水消痰、除烦止渴、祛湿解暑的作用，还比较清淡，利于消化和吸收。

53 孩子有“怪毛病”，别委屈了他们

当孩子出现一些异常行为的时候，家长千万不要乱给孩子定性，不妨找个专业的儿科医生咨询一下。有时候有些事在家长看来可能很严重，但在专业医生眼里真是“小儿科”。

我有一次跟儿科的郑宏大夫坐诊的时候，一位父亲带着他七岁的孩子来看病。郑宏大夫在问诊的时候，这个小孩子不停地挤眉弄眼。孩子的父亲当时气恼得不得了，冲着孩子的肩膀就是一巴掌，嘴里还说：“哪儿那么多贱毛病！不嫌丢人！”

当时就把孩子打哭了，可是没过几分钟，孩子又开始频繁眨眼睛了。郑宏大夫怕家长再动手，说：“你别再打孩子了。”

郑宏大夫说，孩子这是患抽动症了，他这是控制不住自己造成的，打也没有用，反而会加重病情。郑大夫详细给孩子看完病、给家长做完解释后，家长走了。

郑大夫跟我说，现在很多孩子得了抽动症，家长不知道，结果孩子老是被打被骂。

实际上，抽动症是一种以多发性不自主的抽动、语言或行为障碍为特征的综合症。它主要的表现是短暂、快速、突然的不随意运动，比如频繁地眨眼、挤眉、耸肩、清嗓子等，而且越紧张发作越频繁。

得了抽动症以后，很多家长会以为孩子不知道在哪儿学来的“怪毛

病”，所以很容易骂孩子。其实，当孩子出现抽动时，不能吵孩子，越是吵他，就好像是在暗示他一样，他会抽动得越厉害。相反，家长对此置之不理或者用别的方法让孩子转移注意力的时候，反而会好很多。

后来，这个孩子经过系统治疗，挤眉弄眼的毛病很快消失了。

无独有偶，有一次聊天的时候，赵坤大夫也跟我说了一个她在门诊上碰到的病例。她说，有一个家长带着孩子来看病，问家长孩子怎么了，家长很痛苦，顿了几下才说，孩子有精神病，或者是心理疾病，想来看看。

详细问他孩子有什么心理障碍，那位家长说：“我孩子上学，老师也说他有精神病。每次上课的时候，孩子往那儿一坐，一会儿他自己‘咯咯’地笑，一会儿又不笑了，一会儿又自己笑笑。老师每到这个时候就斥责他，次数多了，孩子身边的小朋友都不爱理他，也不跟他玩，还经常追着孩子的屁股叫‘神经病’‘精神病’。现在孩子都不爱说话了，整天心事重重的，这么小一个孩子……”

这个父亲说完，眼圈都红了。赵坤大夫很有经验，这样有一些怪毛病的孩子，在门诊上也不少见。她就和蔼地问：“小朋友，跟奶奶说说怎么回事？”

小朋友也是鼓了很大的勇气，慢慢地说了十几分钟，最后，赵坤大夫听明白了。原来，这个小朋友出现了幻视，每次老师一讲课的时候，他的病一发作起来，就看见老师一会儿变成小人了，可小可小一点点，在那个台上蹦来蹦去的，然后一会儿他又变大了、变成巨人了。他觉得这个景象就像动画片一样挺可笑的，所以就笑个不停。当然，发作停止以后，孩子就像正常人一样。

赵主任给孩子安排了脑电图等检查，最后确诊孩子得了精神运动型癫痫，经过系统治疗后，孩子病情很快就控制住了，再也没有出现莫名其妙地发笑这个毛病。家长后来到门诊上感谢赵坤老师，说话都语无伦次了。我在这里想说的是，当孩子出现一些异常行为的时候，家长千万不要乱给孩子定性，不妨找个专业的儿科医生咨询一下。有时候有些事在家长看来可能很严重，但在专业医生眼里真是“小儿科”。

54 孩子夏天怕热，给孩子喝什么好

夏天给孩子清热的西瓜翠衣汤：买个西瓜，把瓜瓤吃掉后，用刀把最外面的青皮也削掉，留下浅青色的瓜皮，就是西瓜翠衣。取西瓜翠衣100克，加上水熬上10～15分钟，关火后加上点冰糖，以感觉有淡淡的甜味为宜。

夏天给孩子清热的荷豆饮：荷豆饮的准备材料也很简单，鲜荷叶1枚，绿豆30克即可。做的时候，先把鲜荷叶撕成几块儿，然后加入绿豆一同煎煮，豆熟汤成，除去荷叶，食豆喝汤。

小孩子最怕热了，原因很简单，火气大。我的儿子平常火气就挺大的，白天稍稍动一动就爱出汗，满头都是。五个多月的时候，夏天就来了。每天都出奇地热。儿子太小了，我们也不敢开空调，害怕孩子活动后一出汗，再受凉给冻着了。妈妈天天拿着扇子给他扇，可是还是不行。小家伙本来就胖，一受热，大腿根儿、脖子上、额头上还会起红点。

不过幸好守着医院，我就请教我们医院儿科副主任医师都修波，他问我孩子多大了，我说五个多月。他想了想说，现在孩子刚开始吃辅食，还不能乱吃。不过夏天大街上到处都有西瓜卖，可以熬点西瓜翠衣汤给孩子喝。

在中医里，西瓜翠衣有清热解暑、除烦止渴的作用，而冰糖可以养阴生津。我当时听着，赶紧拿个小本子认真地记下来。看到我在记录，都大夫又说，如果孩子年龄大一些，能够吃辅食的话，还可以喝“荷豆饮”。

这道汤有清解暑热、升清解毒的功效，如果有的孩子在夏天烦热口渴、头晕头昏、头痛不适、食欲不佳，都可以用这个方子。

我回去之后，就把西瓜翠衣汤的制作方法教给了妈妈，让她熬水给儿子喝。另外，每天中午还让孩子游游泳，在水里玩一会儿。孩子果然比以前安生多了。

白天的问题解决了，晚上又不好过了。郑州的夏夜很少有风，室内憋闷得很。不开空调是真不行，别说孩子，大人晚上睡觉都睡不好。虽然说晚上临睡前给孩子洗洗澡，但是也只能管一会儿，孩子睡上一两个小时就醒了，而且一醒就哭。后来我们把空调打开了，调到了29摄氏度，这个温度比夏天的温度要低一些，比春天的温度要稍高一些，果然很适宜。晚上睡觉前，再给孩子穿一个连腿的衣服，小肚子裹得严严实实的，不用担心他半夜晾着肚子。这样一来，儿子晚上睡得果然非常香。

55 孩子晚上睡觉老是蹬被子怎么办

舌为心之苗，通俗地说，心脏有热有火的时候，火苗就会表现在舌头上。怎么给孩子清心火呢？很简单，顺着中指末端的指肚，从指根往指尖推300次即可。

我曾经有一阵子非常迷恋小儿推拿，觉得非常神奇，所以我经常会到全国名老中医高清顺教授、高山大夫的门诊上，看他们给小儿做外治。

有一次，有位妈妈带孩子来治疗，她的孩子有点斜颈。在推拿的时候，这位母亲对高清顺老师说，自己的孩子最近不知道怎么了，晚上睡觉老是蹬被子，一夜不知道要给他盖多少回。

我当时来精神了，为啥呢？这种情况我跟我媳妇也遇到过。高老师对那位妈妈说，你摸摸孩子的手脚心，看看热不热？再看看孩子的舌头红不红？孩子的妈妈照着高老师说的去做，我也跟着摸了摸那个小宝宝的手脚心，看了看舌质，发现孩子手脚心发热，舌质红。

高老师说，舌为心之苗，通俗地说，心脏有热有火的时候，火苗就会表现在舌头上。另外，人只有一颗心吗？从生理解剖上是这样，但是中医上有个词叫"五心烦热"，哪五心？除了胸口的心，还有就是两手心和两脚心。心主全身之血脉，所以手脚心也会跟着发热。这是孩子有心火了，得清一清。

怎么给孩子清心火呢？很简单，顺着中指末端的指肚，从指根往指尖推300次即可。后来，我的儿子再出现心火旺盛上述表现，我就照高大夫讲的方法给他清清心火，非常管用。

56 宝贝嘴角发炎，抹点蜂蜜就好了

对待小儿口角炎，蜂蜜有奇效，因为蜂蜜中含有肾上腺皮质激素样物质和抑菌素等物质，有较强的抗菌、消炎、收敛、止痛作用。家长可以先用温盐水清洗发病部位，再用消毒棉签将蜂蜜涂于嘴角，15分钟后，可喝水咽下蜂蜜，再继续涂抹，一天重复涂上几次，很快就好了。

过完春节，没出正月，同学就给我打电话，说要带孩子来看病，让我给推荐专家。我问他孩子怎么了，他说，嘴角发炎了，经常是张口就出血，孩子整天哭闹不停，全家人都坐立不安的。

我当时脑海里就有个念头，这是口角炎，应该用外治的方法，用什么东西抹一抹应该会好得快一些。反而是吃药效果没有外治效果好，您想一下啊，吃多少药才能作用到嘴唇上呢？

所以我就跟同学说："你先别过来，这大正月的，天这么冷，你抱着孩子跑一趟多不容易，我先给你问问专家吧！"

我当时打电话的是医院的一个非常受患者欢迎的儿科大夫——副主任医师都修波。都大夫虽然年轻，但是医术好品质高，对待生病的小宝宝非常有耐心。通过电话，都大夫告诉我，这确实是小儿易发的口角炎。由于人的嘴唇上没有汗腺，所以嘴唇的润滑主要是依赖皮脂腺分泌的皮脂来维持。在季节交替，特别是冬春季节转换的时候，皮脂腺分泌就会减少，容易发生嘴唇干裂。有些孩子嘴唇干裂的时候，喜欢用舌头舔上下嘴唇及口角，这是他们的本能，目的是想用唾液来滋润，但是因为唾液中有蛋白质、淀粉酶等物质，舔在嘴唇上，风一吹，水分蒸发，淀粉酶粘到嘴唇上，反而使会干燥程度更加严重，只能越舔越干，甚至开裂出血，疼痛加重。

对待小儿口角炎，蜂蜜有奇效，因为蜂蜜中含有肾上腺皮质激素样物质和抑菌素等物质，有较强的抗菌、消炎、收敛、止痛作用。家长可以先用温盐水清洗发病部位，再用消毒棉签将蜂蜜涂于嘴角，15 分钟后，可喝水咽下蜂蜜，再继续涂拭，一天重复涂上几次，很快就好了。

生硬的医学知识，都老师给我讲得浅显易懂。我又将其转告给同学，告诉他，试试看行不行，不行再来看。

没过两天，同学就说已经好了大半儿了。

第5章

专家教我这样保护新生儿

57. 新生儿起黄疸，喝点茵陈水就能消
58. 新生儿脸上出湿疹，可能是因为妈妈体质热
59. 新生儿脐疝，小小铜钱帮大忙
60. 新生儿晚上老爱哭怎么办
61. 孩子添加辅食后拉肚子，可能是食物不耐受
62. 给孩子添加辅食后积食拉肚子的特效食疗方
63. 孩子经常拉肚子，用推拿法一推就好
64. 孩子拉肚子的特效洗脚方

……

57 新生儿起黄疸，喝点茵陈水就能消

新生儿有黄疸怎么处理：

1. 茵陈有退黄的作用，每天 5 克即可。

2. 加上水把药给淹没住，然后用大火煮开，换成小火熬上十几分钟。

3. 熬成水让孩子早晚喝上 20 毫升左右。

我的儿子是壬辰年正月出生的，出生的时候八斤六两多，是个典型的“大胖小子”。我们全家人真的非常高兴。但我也隐隐有些担心，因为从医学上来讲，超过八斤就算是巨大儿。

儿子出生第三天的时候，身上开始起黄疸。爸妈都说没事儿，小孩子都这样。

但是，专家也告诉过我，“黄疸有生理性的，也有病理性的。生理性黄疸的话，半个月就会自然消退。但病理性黄疸就麻烦多了，有可能会导致大脑神经方面出现问题。”

儿子不会出什么问题吧！看着父母、媳妇儿很开心的样子，我心里的顾虑快把我憋坏了。

媳妇生孩子的时候执意选择西医院，没在我工作的医院接生。临出院前，医院的大夫拿了一个测黄疸的仪器给照了照，说黄疸有点重，开了一些药，让天天喂孩子吃。

以前，我自己吃药、媳妇吃药都没在意，大夫给开什么就吃什么了。

但是放在儿子身上，那就得再找人问问了。巧的是，我的一个老师，他家也刚生过孩子。他告诉我，这些药可吃可不吃。回去多让孩子喝水、多拉大便，黄疸很快就排掉了。

我自己也觉得，孩子才出生三天就吃药，肠胃哪儿受得了？我就自作主张，没让孩子吃。

第 13 天了，儿子脸上的黄疸仍然没有消除，虽然轻了一些，但是眼睛、嘴巴周围仍然比较明显。

我有点着急了。但我就在医院上班，有近水楼台之便，本院的、外院的，认识的儿科大夫有五六十位之多。于是，我首先打电话给了小儿脑病方面的专家、我们医院的马丙祥主任医师。他说，先弄点茵陈水给孩子喝一下，然后看看情况。

我赶紧在医院的药房里买了一星期的茵陈，也就几块钱。回来后我开始熬药，药味很冲，当时我都担心孩子会不会喝。

没想到熬好后装到孩子的小奶瓶里，按着上面的刻度放了 20 毫升，小家伙咕嘟咕嘟一下子就喝完了。

到了二十多天的时候，孩子脸上的黄疸已经不严重了。我抱着孩子到医院又去测了一下，大夫说已经处于正常值了。到了 42 天，到医院去进行例行检查，孩子的黄疸已经完全消失。

茵陈是有退黄作用的，这一点《伤寒论》《本草纲目》等很多医书上都有记载。我给孩子选择中药而不是西药，是因为中药的副作用相对较小。感谢中医，感谢马丙祥教授！

58 新生儿脸上出湿疹，可能是因为妈妈体质热

现在人的营养都好了，尤其是怀孕的时候，生怕营养不够，就使劲儿吃。所以现在大部分新妈妈的体质都偏热。

我的儿子二十多天的时候，因黄疸而泛黄的小脸上起了密密麻麻的小点点，额头、眼角两边都有。以前我听说过很多次了，但是没有见过，没想到这就是传说中的小儿湿疹。

媳妇要我上班去医院问问大夫，碰巧第二天我跟河南中医学院第一附属医院儿科副主任医师黄甡坐诊的时候，也来了一位得了湿疹的小儿。我一看，好家伙！从额头往下到脖子上都是，密密麻麻的，非常严重。

黄甡大夫看了后，对那位年轻母亲说了两句话。第一句是“我给你开个外用方，你每天给孩子抹上几次”。第二句是“孩子脸上出湿疹，说明你这个当妈的身体里有热，通过奶水传给孩子了，所以这回虽然是带孩子来看病，我得给你开个方调调体质，还有利于下奶”。

我对这个病例印象非常深刻，第四天的时候，黄甡老师有空，我专门又去详细地问了一下他。先说说那个外用方吧，这可是黄甡老师多年以来的经验方。

治新生儿湿疹外用小妙招

1. 大黄6克、黄连6克、黄柏6克、枯矾8克、青黛3克，猪油适量。这几味中草药是颗粒剂，一般情况下到中医院里都可以买到。

2. 把猪油放在炒锅里加上小火化开后，把颗粒剂加到猪油中边加边搅，这样药物就会均匀地混合到猪油里了。

3. 每天少量多次，均匀地涂抹在小儿的脸上，不要太厚。

这个方子里，大黄有清热泻火的作用，但它清的主要是上焦和下焦的火，黄连也是清热泻火，它清的是上焦和中焦。黄柏有清热燥湿的作用，湿疹嘛，肯定与湿邪有关。枯矾的作用是燥湿止痒。青黛可以泻五脏六腑之火。这里用猪油混合的原因是猪油性寒，不仅可以清热润燥，还可以滋润肌肤。

我问这个方子的时候，问黄牲老师用猪油会不会显得脸上油乎乎的。黄牲老师说不会，涂得少一些，很快就会被肌肤吸收掉了。

然后是母亲“奶热”的问题。黄牲老师说，现在人的营养都好了，尤其是怀孕的时候，生怕营养不够，就使劲儿吃。所以现在大部分新妈妈的体质都偏热，不过经过分娩以后由于耗费精力、出血等原因，会有所缓解。

我问黄牲老师那对母女怎么样了。他说，三天后来复查，小孩子的脸上已经好多了。大人的舌苔也没有那么黄厚了。

59 新生儿脐疝，小小铜钱帮大忙

为什么市场上卖的肚脐带不管用，而加两枚硬币就管用了呢？关键是得能够长期固定住，一直压着脐疝，时间久了，小儿肚脐的皮肤长结实了，脐疝鼓不起来了，自然就好了。

儿子从半个多月开始，肚脐处开始鼓起一个直径约两厘米的小包，软软的，手指一按就下去，松了就弹上来。我用手指按的时候，感觉那个地方的皮儿特别薄，跟一层纸一样。孩子一哭，那个小包就鼓得圆圆的。我真担心孩子哭的时候，会把那个地方的皮肤给撑破。

我自己在网上查了一下，网上说这是小儿脐疝。妈妈说，没事儿，很多小孩子都这样，过阵子就好了。我在网上查资料发现有些孩子自己会好，有些孩子就好不了，长到一定年龄得做手术。当时我挺担心的。

我带他到医院去检查，儿保的大夫说，现在市场上有专门卖“肚脐带”的，买回来给孩子箍上一个月就好了。当天下午我就去买了一根儿，就是一根布带，中间宽两头窄，没有弹性。晚上孩子睡觉的时候就给他箍上，用了几天后，发现这东西根本不管用，孩子晚上睡觉的时候老是动来动去的，尤其是自己孩子特别胖，腿稍一蹬肚脐带就滑到肚脐下面去了。

我就在医院里去请教黄姓大夫，他说，回去弄块儿布，里面缝两个铜钱，然后再弄根松紧带箍一箍就好了。

五一期间，媳妇带着儿子回娘家要住一段时间，我千叮咛万嘱咐，一定要给孩子做一个。

半个月后，儿子回来了。晚上给孩子洗澡的时候，我惊奇地发现，孩子的脐疝已经下去了。肚脐处原来薄薄的鼓起来的皮肤，变成了平平的硬块儿。媳妇说，回老家当天就做了一个，里面放了两枚铜钱。

其实，为什么市场上卖的肚脐带不管用，而加两枚硬币就管用了呢？关键是得能够长期固定住，一直压着脐疝，时间久了，小儿肚脐的皮肤长结实了，脐疝鼓不起来了，自然就好了。

通过这件事我得出一个结论，养孩子是不能偷一点懒啊！

60 新生儿晚上老爱哭怎么办

用淡竹叶泡茶，每天让孩子喝上几十毫升；当孩子发热、心烦的时候，每天早晚给孩子清天河水不少于200次，就可以起到泄心火治夜啼的作用。

脾虚引起的小儿夜啼的特效小妙招：用陈皮2克、炮姜1克、大枣3个、白术2克、蝉蜕2克熬水给孩子喂服。

我又跟着马丙祥主任坐诊了，这次在门诊上碰到一个年轻的小伙子，带着孩子来看病。马主任问孩子怎么不舒服，小伙子说，其实也没啥，就是晚上闹腾得厉害，有半个多月了，也不知道是怎么回事，白天都好好的，就是晚上老是哭闹。晚上哭个不停，一吃奶就不哭了，但是一停，还没睡上半小时，他就又哇哇哭起来。一晚上能折腾上五六次，把两口子熬得有苦说不出。

马丙祥主任给孩子检查后发现，孩子脸色发红，嘴唇也通红通红的，手脚心发热，问问孩子的大小便情况，小伙子说，小便发黄，大便两天解一次。马丙祥主任说，问题不大，去买一点淡竹叶，用开水冲一下，每天让孩子喝一点，两三天就好了。

我当时在旁边坐着，就问："马主任，淡竹叶不是有清热作用吗？怎么还能治夜啼？"

马丙祥主任说，这类小儿夜啼是“心热型”的。

治“心热型”小儿夜啼的特效小妙招

用淡竹叶泡茶，每天让孩子喝上几十毫升。

因为淡竹叶有清热、除烦、利尿之功效，所以对面赤唇红、烦躁不安、仰面而哭、哭声较响、小便赤短或大便秘结的夜啼小儿有效。

两天后，那个小伙子来马主任门诊上复查说孩子的夜啼已经好了，问用不用接着喝？马丙祥主任说，好了就不用喝了，小伙子连连道谢，说可是解决自己的大麻烦了。

造成小儿夜啼的原因，首先是心里面有热，比如说孩子脸色发红、烦躁不安、大便干、小便发黄。还有的与白天受惊有关，比如说父母吵架、电视中的恐怖镜头、动物（比如家长正带着孩子在公园散步，突然有别家的狗狗跑过来，吓到孩子）等，造成小儿心神不宁、惊恐不安、睡中易醒。当然，“胃不和则卧不安”，小儿夜啼还与积食有关，比如说孩子吃得过多，造成肚子胀满、泛酸、吐乳等。

除新生儿夜啼的特效推拿法

1. “天河水”在小臂内侧，自腕横纹中点到肘横纹中点成一直线的地方。孩子的爸爸妈妈用拇指侧推或用食、中指指腹向上直推，中医上叫“清天河水”，是给小儿退热的重要手法，还有宁心与安眠的作用。

2. 当孩子发热、心烦的时候，每天早晚给孩子清天河水不少于200次，就可以起到泄心火治夜啼的作用。

脾虚引起的小儿的夜啼特效小妙招

用陈皮2克、炮姜1克、大枣3个、白术2克、蝉蜕2克熬水给孩子喂服。

中医认为，“胃不和则卧不安”。陈皮和白术具有理气健脾的作用，炮姜可温中散寒，大枣能够安神养血，蝉蜕能止“惊哭夜啼”，这在《本草纲目》中已有记载。此方可用于面色恍白、四肢倦怠、手足稍冷，吮乳无力、哭声低微、大便溏薄、小便清长的夜啼患儿。

61 孩子添加辅食后拉肚子，可能是食物不耐受

小儿从吃母乳，到开始吃水果、素食、肉，拉几天肚子很正常，这是脾胃正在调整、适应，家长不用担心，只要孩子的精神头好好的就成。

儿子七个多月的时候，正值盛夏，儿子开始拉肚子了。头两天的时候，妈妈跟我说孩子的情况，我没在意，因为我觉得孩子虽然一天拉三四次，但是精神头挺好的，坐在地上玩得非常欢实。

就这样，儿子除了拉肚子以外，精神一直都非常好。又过了大约十天，儿子已经拉肚子拉了有半个月了。那天早晨七点，我准备上班，妈妈说："今天你必须带孩子到医院看看，这拉肚子都两星期了还不好，你看孩子都瘦成啥样了。"

这时候我才仔细观察儿子，发现这个喜欢早起的小家伙果然瘦了一些，没有以前那么胖了。

虽然儿子早晨起来依然活泼如初，但是我心里也有点发虚了。我在心里犯嘀咕，一直以来，我都觉得是由于在给儿子增加辅食，他的脾胃不适应才造成的拉肚子。我是不是错了？有没有可能是秋季腹泻？但是现在才是夏天啊！会不会是因为吃生水果什么的导致细菌感染了？还是因为吹空调受寒了呢？

有些事儿就不敢往深了想，尤其是当爸妈的，孩子是爹娘的心头肉，一想就疼啊！

于是，我赶紧和妈妈一起，带着儿子到医院去。到了医院，我直奔儿科病房。正巧儿科二区的一个非常好的大夫马淑霞主任医师在，我就抱着孩子让她给瞧瞧，同时把儿子的情况说了一遍。

马大夫给看了看，做了一下检查，也觉得儿子没事，她说：“你要是不放心的话，去做一个大便常规检查吧。”

结果很快就出来了，各项数值正常，没有细菌感染。

马大夫说，六七个月的孩子，正是吃辅食的时候，大便次数多一点没什么，应该过几天适应了就好了。再说了，这小孩子都是水膘，瘦一点很正常，胖起来也非常快。我和妈妈听了也长出了一口气，心终于能放到肚子里了。

回家以后，又过了三天，儿子果然就不拉肚子了。

我以前曾经在《健康时报》上写过一篇文章，后来被很多家报纸转载，是关于食物不耐受的。说的是有很多老年人经常拉肚子，吃了多少药都治不好。后来有经验的脾胃肝胆科大夫会建议病人做一个食物不耐受检查，基本都能找到病因。

什么是食物不耐受检查呢？通俗地说，就是有些人会对某些食物产生不良的反应，即使是最常见的食物，也有可能致病。记得采访的时候，我们医院检验科的主任任伟宏医生跟我说了一个例子，说有位老人半年前开始拉肚子，在很多地方看过病，一直都没治好。后来到医院一做食物不耐受检查才发现，原来是喝牛奶所致。老人很不理解，说自己喝了一辈子牛奶了，怎么会受不了牛奶呢？

这其中的原因就是，随着年龄的增长，人的各个器官的功能在衰退，食物虽然是人体的必需品，但是它也是异物，到胃里也得能被消化吸收才行。如果器官衰退以后，人体吸收不了，那这个异物即便再好，它对身体也会造成伤害。后来老人把牛奶给停掉了，果然就不拉肚子了。

说上面这一段话，其实想告诉各位家长，小儿从吃母乳，到开始吃水果、素食、肉，拉几天肚子很正常，这是脾胃正在调整、适应，家长不用担心，只要孩子的精神头好好的就成。

62 给孩子添加辅食后积食拉肚子的特效食疗方

专家治孩子积食后拉肚子的食疗方：

1. 拿一个苹果，把苹果皮削掉，两头也去掉，再拿个白萝卜，削成手指那么长那么粗的四条。再去弄一棵马食菜（马齿苋），把根削掉洗干净。

2. 先把苹果和白萝卜放到锅里加上水煮，大火烧开后换成小火，煮约二十分钟的时候，把马食菜放进去，再煮上五六分钟，最后用三个手指头，捏一点盐，一点白糖，一点茶叶，茶叶就用信阳毛尖就可以。

3. 熬好后，每隔一小时给孩子喝二三十毫升，不要多。

4. 同时，把孩子的所有辅食都给停掉，孩子妈妈也不能吃凉东西，肉、鸡蛋也都先不要吃。

五个多月的时候，儿子已经长到了22斤，胳膊腿都跟藕节似的，我带他去理发店剃了个茶壶盖头，看起来虎头虎脑的，甚是好玩。这个时候，媳妇的产假休完开始上班了，妈妈也开始给他添加辅食。从这个时候，儿子开始拉肚子。断断续续的，拉了十几天。当时我抱的态度是，添辅食的时候孩子都会腹泻，这很正常，只要孩子精神好，活蹦乱跳的，就可以不用管。

可是妈妈跟媳妇受不了，媳妇更是说："你守着医院，找个大夫问问会费多少事儿？"说得我无语了，我说那带着去医院看看吧。

我们医院的中药颗粒剂非常有名，到了医院找了个儿科大夫，因为当时刚入秋，大夫怀疑可能是秋季腹泻，就让做了个血常规和大便常规检查。

结果出来后，把轮状病毒感染给排除了，不是秋季腹泻。但是孩子的白细胞比较高，这在西医上应该被诊断为肠炎，很明显，就是吃东西吃坏肚子了。

大夫看了看，给孩子开了点小儿颗粒剂，我去划价的时候，发现药很便宜，只有二十多块钱。

但是回到家吃的时候发现，儿子对中药很难接受。喂他药的时候哭得撕心裂肺的，不知道妈妈和媳妇是什么感觉，反正我是挺揪心的。妈妈狠狠心，把药给孩子喂下去了，没过几分钟，又全吐出来了。三天的药，顿顿都是如此。看来再好的药，吃不到肚子里都是白搭啊！

此后的几天，妈妈和媳妇开始注意给孩子添加辅食了，有时候她们还会为这能吃那不能吃起点小争执。

在孩子拉肚子快一个月的时候，小家伙明显瘦了，虽然精神还很好，但是抱他的时候，摸摸他身上的肉却很松很软。孩子因为拉肚子，还经常漏一点便便，屁股沟里红红的。

再次带着孩子来到医院，这次我找了个推拿科的大夫，是全国名老中医、全国推拿学会常务理事、河南省推拿学会主任委员高清顺老师。虽然跟高清顺老师非常熟，但是一般我不想麻烦这么有名的大夫，原因很简单，他门诊上的病人太多了，老人家也都七十多岁了，而且做推拿很费力气，但是孩子都拉了一个月了，实在是没有办法。

到了高清顺老师那里，听了我简短的叙述，他把孩子的上衣拉开一摸，说："你们看孩子的肚子瓷实成什么样子了！孩子积食了，辅食还不停着，他能不拉肚子吗？"我这时候才开始留意孩子的肚子，果然圆鼓鼓的，摸着很胀。

高清顺老师那双手果然出神入化，按摩了约十分钟。中间他说："我教你个方法，非常管用，你回去试试。"（见本篇篇首）

从高清顺老师的诊室回到家里，天已经黑了，我们家人都还没吃饭，全家人都很默契，先给孩子熬水喝吧。半小时，水熬出来了，我先尝了一口，甜丝丝的，一点也不苦。往儿子的奶瓶里装了二十多毫升，小家伙试着尝了两下，抱着咕咚咕咚喝完了。

第二天早晨，把纸尿裤解下来让孩子便便，他已经明显不拉肚子了，大便呈金黄色，虽然有点稀，但已经不是水状的了。第三天，孩子的大便就恢复了正常。

后来我问高清顺老师这个方子为什么这么神奇？他说，苹果可以润肠止泻，还有健脾益胃的作用。白萝卜治积食肚胀，消化不良。马齿苋可以消炎利湿，治拉肚子常用到它。这是一个很老的方子，但是很管用。

高清顺老师还说，给孩子添加辅食，不能多。辅食辅食嘛，又不是主食，孩子还是应以母乳或奶粉为主。要掌握好以下原则：

1. 从一种到多种

要按照宝宝的营养需求和消化能力逐渐增加食物的种类。刚开始时，只能给宝宝吃一种与月龄相宜的辅食，待尝试了 3 ～ 4 天或一周后，如果宝宝的消化情况良好，排便正常，再让宝宝尝试另一种，千万不能在短时间内一下子增加好几种。

而且这样做还有一个好处，即宝宝如果对某一种食物过敏，在尝试的几天里就能观察出来。若是吃后的几天内没发生不良反应，则表明宝宝可以接受这种食物；如果怀疑宝宝对某种食物过敏，不妨一周后再喂一次，要是接连出现 2 ～ 3 次不良反应，便可认为宝宝对这种食物过敏。

2. 从稀到稠

宝宝在开始添加辅食时，都还没有长出牙齿，因此父母只能给宝宝喂流质食品，逐渐再添加半流质食品，最后发展到固体食物。如果一开始就添加半固体或固体的食物，宝宝肯定会难以消化，导致腹泻。应该根据宝宝消化道的发育情况及牙齿的生长情况逐渐过渡，即从菜汤、果汁、米汤过渡到米糊、菜泥、果泥、肉泥，然后再过渡成软饭、小块的菜、水果及肉。这样，宝宝才能吸收好，才不会发生消化不良。

3. 从细小到粗大

宝宝的食物颗粒要细小，口感要嫩滑，因此菜泥、果泥、蒸蛋羹、鸡肉泥、猪肝泥等“泥”状食品是最合适的。这不仅锻炼了宝宝的吞咽功能，为以后逐步过渡到固体食物打下基础，还让宝宝熟悉了各种食物的天然味道，养成不偏食、不挑食的好习惯。而且，“泥”中含有纤维素、木质素、果胶等，能促进肠道蠕动，容易消化。

另外，在宝宝快要长牙或正在长牙时，父母可把食物的颗粒逐渐做得粗大，这样有利于促进宝宝牙齿的生长，并锻炼宝宝的咀嚼能力。

63 孩子经常拉肚子，用推拿法一推就好

孩子拉肚子的推拿方：揉龟尾、按肚角、运八卦、推大肠。

有个朋友家的孩子，经常拉肚子。以前也找过几个大夫看病，大夫都说孩子的脾胃不好。他的孩子出生时 7 斤 2 两，胖胖的，但是现在反而很瘦，老爱伤风感冒的。他问有没有什么办法可以给孩子调一调体质，我就带他到医院儿科副主任医师马淑霞的诊室。

马大夫的医术非常高明，也非常受家长们的爱戴。马大夫说，小儿腹泻久治不愈会导致营养不良、免疫低下、继发感染等恶性循环，可以说对孩子的危害极大。有几种推拿手法简单易学，并且穴位也相对好找，家长不妨一学。每天给宝宝按几次，不仅对治疗、预防腹泻大有好处，平常还可以增强孩子的免疫力、温阳健脾。

揉龟尾

龟尾穴位于人体臀部的尾椎骨处。中医认为，揉龟尾穴能通调督脉之经气，调理大肠的功能，对止泻、通便有一定的效果。

怎么做呢？家长用大拇指指腹轻按于龟尾穴上，然后做轻柔缓和的回旋转动，以 300 次左右为宜。在龟尾向上约 4 寸的地方是人体的七节骨。家长如果能在多余的时间内把龟尾与七节骨之间的部位再从下到上

推百余次效果更好。

值得注意的是，在七节骨与龟尾一线，家长自下而上推可温阳止泻，自上向下推可治便秘，这个顺序可不能混淆了。

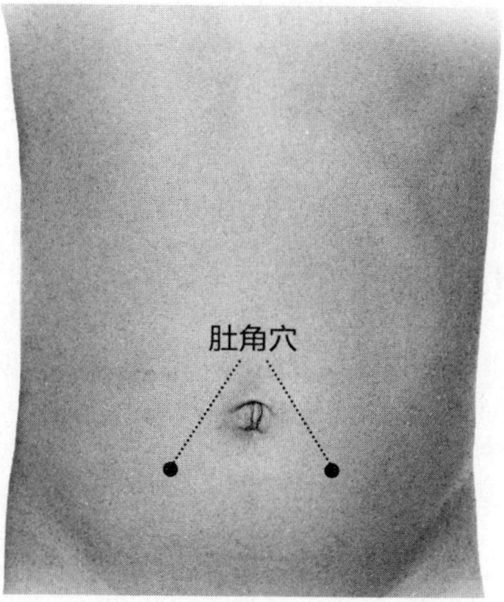

按肚角

肚角位于小儿肚脐下两寸，左右旁开两寸各1个。家长将双手的拇指放在肚角上然后慢慢用力下按，然后再慢慢减力松开，这样一轻一重来回数次。肚角属脾胃经，经常按之，对治疗脾胃虚寒所致的小儿腹泻、腹痛有一定作用。如果家长在按过肚角后，再用手掌按逆时针方向环形移动按摩腹部，效果会更加明显。

运八卦

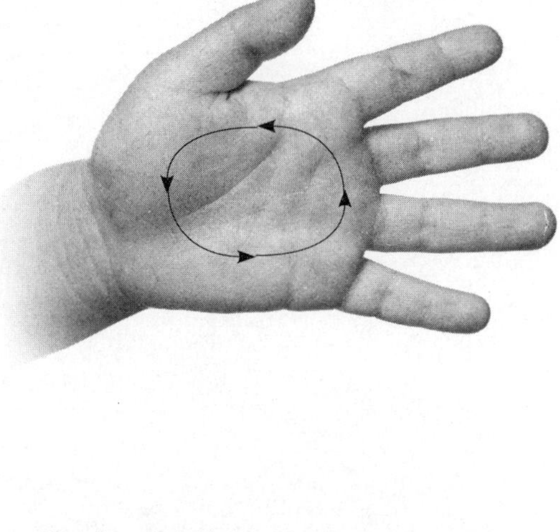

八卦是推拿的穴位名，又称内八卦，它是指围绕掌心周围的八个穴位的总称。在《针灸大成》中提到：“运八卦，除胸肚膨闷，呕逆气吼噫，饮食不进用之。”

具体做法是：家长用右手中指托住患儿的手背中央，把大拇指放在宝宝手掌的八卦穴上，以逆时针方向环形移动进行摩擦约 300 次即可。

朋友回家后坚持给孩子推，一个多月，孩子再也没有拉肚子，而且体重也增加了将近两斤，明显比以前胖了。

推大肠

小儿的大肠经在食指桡侧（靠近大拇指那一侧），自指尖至虎口成一直线。从虎口往指尖推就是清大肠，可通利肠腑、除湿热、导积滞。

如果您的孩子拉肚子了，可以从指尖往虎口推，那就是补大肠了。

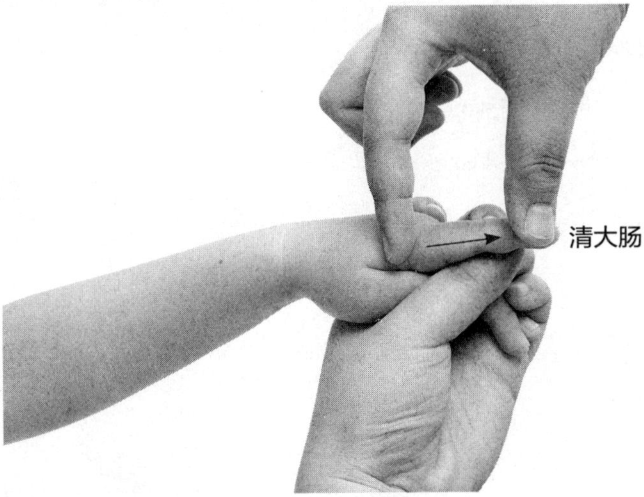

64 孩子拉肚子的特效洗脚方

鬼针草30克、无花果树叶6～7片、石榴1个去籽取皮。

把以上三种物品混合后熬水，勤给腹泻患儿洗脚。

我们医院儿科副主任医师黄甡非常受人爱戴，原因很简单，他出身中医世家，看病花钱少，方法独到。有一次，老家一个乡亲的孩子，两岁了，拉肚子，大便跟蛋花汤一样，没有什么腥臭味，一天得五六次，让我给问问有没有好方法治疗。

我打电话给黄甡大夫，他说了上述的洗脚方。

河南有句俗话叫“洗洗脚，止住屙”，说的就是这个道理。因为乡亲试了黄甡大夫的方子，两天后孩子就不拉肚子了。他在电话里感叹：大医院的专家就是不一样啊！

黄甡大夫告诉我，在这个方子里，鬼针草治疟疾（拉肚子）效果非常好，无花果的叶子不仅有止泻的作用，还可以健脾胃，石榴皮有涩肠收敛的作用。用它来给孩子洗脚，可以通过经络来达到健脾、涩肠、收敛、止泻的目的。

除了治疗外，黄甡大夫还说，秋天是腹泻的高发期，这段时间，家长还要注意给孩子保暖，尤其是腹部保暖。秋季气候渐凉，腹泻宝宝肠蠕动本已增快，如腹部再受凉则肠蠕动更快，将加重腹泻。

65 新生儿贫血，跟胖瘦无关

虽然普遍孩子生活条件都比较好，但是小儿贫血仍然很常见，这主要与家长对孩子的喂养方式不当有关。

由于自己孩子的缘故，我没少往医院儿科门诊、病房里跑。有一次，我有公事要找儿科宋桂华主任医师。到了病房，看到一位年轻的妈妈抱着自己的孩子坐在主任面前。宋主任在问诊，我就在边上听着。原来孩子才 9 个多月，已经 25 斤了。只见宋主任详细给宝宝进行听诊、望诊、问诊，又看了看检查单，最后给开了药。宋主任说，血常规结果显示血色素偏低，孩子可能有贫血。

那位妈妈很吃惊，她问，孩子这么胖怎么会贫血呢？

宋主任说，在很多人的印象里，贫血的时候人的身体会很虚弱，面色苍白，在心理上也很容易把虚弱跟瘦弱联系在一起。但事实上，人的胖瘦与体内脂肪含量多少有关，是否贫血主要跟血液中血红蛋白的浓度有关。也就是说，小儿是不是贫血，跟胖瘦没有多大关系，两码事儿。

小儿贫血最常见的是营养不良型贫血，这其中有两种诱因：缺铁或缺乏维生素 B_{12} 和叶酸。如果孩子患缺铁性贫血时，会出现偏瘦、脸黄、发育不良等症状。

目前，虽然普遍孩子生活条件都比较好，但是小儿贫血仍然很常见，这主要与家长对孩子的喂养方式不当有关。比如说，有些家长认为母乳的营养非常全面，给孩子添加辅食比较晚，而事实上母乳中铁的含量非常低。

临床中也发现，纯母乳喂养的时间越长，孩子患贫血的可能性就越大。另外，有些家长觉得每天让孩子喝牛奶、吃鸡蛋，孩子的营养就会非常好。但牛奶鸡蛋中铁的含量也非常低。因此，小儿从 4 个月开始，家长最好给孩子加一些含铁丰富的食物，比如说肝泥、瘦肉、果蔬汁等。如果小儿是因为缺乏维生素 B_{12} 和叶酸引起的贫血，则会表现为虚胖、食欲不振、口唇发白、指甲不红润等。此时最好到医院找专业医生进行诊治。

需要提醒的是，血常规是判断小儿贫血的一个重要检查手段，但是通过血常规检查来判断贫血有一定的误差。如果通过血常规检查发现孩子血色素偏低，最好在医生的指导下进行复查，做进一步验证，然后进一步判断是哪种原因引起的贫血，并在医生的指导下补充铁剂或对症治疗。

66 孩子的很多皮肤问题都是家长爱出来的

刚出生的小孩子，皮肤水嫩得很，吹弹可破。也正因如此，这些小嫩肉在家长的不当护理下才容易出问题。

现在回想起来，儿子出生以后出现的烂屁股、湿疹等，都跟我和家人爱得太过有直接的关系。全家人都生怕孩子冻着，总嫌孩子穿得少。其实，我以前经常联系儿科的专家举办一些健康讲座，期间大夫经常跟前来听讲座的家长们讲，大人穿啥小儿穿啥就行。

但是，有几个会这样执行的呢？家长们不吃点亏怎么能体会到大夫说的话是对的呢？看看我儿子，烂屁股——捂出来的；湿疹——捂出来的；发烧——捂出来的……

其实，这些爱出来的病，家长只要在护理上稍微注意一下，孩子完全可以避免。

温度问题

对于刚出生的婴幼儿来讲，外面的世界可不像妈妈的子宫那么舒服，四季如春，无寒无热。他们会对外界气温的变化不太适应，其实，室内温度适宜保持在 25℃ ~ 28℃对于小宝宝来说是比较舒服的。如果夏天太热的话，空调还是要用一下，开到 28℃左右即可。很多家长觉得刚出生的孩子不敢见阳光，所以会把厚厚的窗帘拉上，其实不然，应当让孩子慢慢适应室内光线的变化，但是要注意，避免阳光直射孩子的眼睛。

很多家长喜欢“捂”孩子，包括我的爸爸妈妈，我后来反思过这个问题，根儿还是出在固定思维上。像我们这一代人的父母，绝大多数是农村的。我刚出生的时候，爸爸妈妈养我，确实是要包起来的。为什么呢？农村冬天确实冷，下完雪房檐上垂下来的冰凌锥儿能达两三米。但是现在不一样了，城市里冬天即便不开空调、没暖气，楼房里的温度也在 10℃左右，不是特别冷。所以，家长在育儿的问题上，除了要用自己的经验外，还要“与时俱进”，这样对宝宝才好。

尿布问题

我的儿子出现烂屁股的现象，除了跟小儿皮肤比较娇嫩以外，当然我觉得还跟尿布更换不及时、没有清洗小屁屁有很大关系。在这里提醒家长，尿布最好用柔软吸水性好的棉织品，做到勤洗勤换。尿布要多晒太阳，杀菌消毒。每次更换尿布的时候，最好把孩子的小屁股洗一洗。平时在家尽量少给孩子用尿不湿，只是出门的时候用一下即可。

关于尿不湿的问题，我想很多家长都很纠结，为什么呢？晚上给孩子用尿不湿，省事儿啊，一晚上不用换尿布，早晨起来一拿掉就可以了。我也是如此，不过幸好我认识专家，可以得到正确的答案。所以，抽空我就这个问题，专门问了一下我们医院儿科的专家任献青博士。

他的答案是，能不用就不用。他说，你晚上给孩子用一次尿不湿，第二天早晨起来把尿不湿拿掉后摸摸孩子的屁股和大腿根儿，一般都是又湿又凉，这都是尿液或者大便中的液体浸渍造成的。

我又问，听说夜里是孩子生长激素分泌的黄金时期，如果经常给他换尿布，会不会把他弄醒，从而影响到孩子的身体发育啊？

任大夫反问我：“那你让孩子穿着尿不湿，孩子的屁股湿糟糟的，他睡得不舒服，智力发育就好吗？再说了，夜里给孩子用尿不湿，看着是给孩子省事儿了，实际上将来他要是得了尿床的毛病了，那才麻烦呢。”

专家就是专家，把理儿给我讲得透透的。很多在我看来很疑难的问题，经他们几句话一说，就把问题给说明白了。

洗澡问题

孩子刚出生的时候，脐带还没有完全脱落，尽量不要用盆浴，用软毛巾蘸上温水给孩子擦擦身体即可。脐带脱落以后，可以把孩子放在小澡盆里，这时候要注意用无刺激性的婴儿专用香皂，浴后要用干软的毛巾将身上的水吸干，尤其是脖子、大腿根部等皮肤皱褶处。

痱子问题

痱子是怎么产生的呢？是由于汗腺孔或导管被汗液阻塞引起的。由于小儿代谢旺盛，活动量大，容易出汗，皮肤又细嫩，在夏季气温高、湿度大时极易生痱子。因此，夏天的时候要注意，可以把孩子抱到阴凉的房间里玩耍，以免孩子大汗淋漓。要保持皮肤清洁干燥，排汗通畅。给孩子洗澡要用温水洗，用温水冲洗后，水分蒸发快，有凉爽感。洗完澡后要立即揩干，再撒上痱子粉。

67 小儿烂屁股怎么办

使用尿布时最好使用吸收水分比较好的棉布，每次排便后要清洗肛周皮肤或者涂擦婴儿爽身粉。或者在小儿睡着后，掰开屁股，用台灯照上几分钟，以保持皮肤的干燥，但注意不要烫伤。

孩子生下来十天了，真是一天一个样儿。不过，有点让人揪心的是，孩子屁股沟的肉烂了一大片，每次孩子拉便便或者家人给孩子擦屁屁的时候，他都会哭个不停。刚开始烂一小片的时候，我觉得这没什么大不了的，很快就会好了。但是很快，整个屁股沟都烂了，听到儿子的哭声，我的心里也跟着难受，终于明白了什么叫“父子连心”了。

第二天一大早，我就到医院去找儿科二病区的主任赵坤主任医师。赵坤大夫是位医术高超但又平易近人的人，她平时非常忙，于是我就把我的几个相关的育儿问题都写在纸上，请她有空的话给解答一下。这样的话，不仅我自己可以看，还可以发在报纸、微博等地方，让一些家长们看看。

小何：主任，我的孩子出生10天，屁股沟里的皮肤已经出现了溃烂，请问是什么原因？有什么注意事项？在家如何处理？

赵坤主任医师：新生儿皮肤非常薄、娇嫩，汗渍或者尿布浸渍等均会引起皮肤潮红，甚至会溃烂，有些会出现尿布疹。碰到这种情况，首先应注意清洗肛周皮肤，并且保持局部皮肤的干燥，使用尿布时最好使用吸收水分比较好的棉布，每次排便后要清洗肛周皮肤或者涂擦婴儿爽身粉。或者在小儿睡着后，掰开屁股，用台灯照上几分钟，以保持皮肤的干燥，但注意不要烫伤。

从赵主任那里得到答案以后，晚上回家我就迫不及待地给孩子操作了。我选择的是 40 瓦的普通灯泡。因为记得以前曾经在网上看过一则新闻，说节能灯的辐射太大。孩子睡着了，媳妇儿抱着他，妈妈把孩子的屁股轻轻掰开一个缝儿，我左手拿着台灯轻轻地给孩子照，同时，我的右手就放在孩子的屁股边上，如果温度过高，我的手就会先感觉到。

就这样，早中晚一天三次，那些溃烂的皮肤迅速地修复着，第四天已经好了大半儿了。

我心甚慰！

没过几天，孩子的屁股沟又烂了一点。我想可能是尿不湿导致长期浸渍皮肤的问题，我的老师来看我儿子的时候告诉我，在尿不湿里垫上一两层隔尿巾，会把尿和大便里的水分都隔出去，就不会浸渍皮肤了。

我试了，很灵。此后，孩子再也没有出现过烂屁股的问题。

专家精彩解答录

问：我的宝宝刚出生，我们用抱被把孩子裹好后，家里老人会拿个软绳给捆一下，还说这样孩子长大了腿比较直，请问这有道理吗？

赵坤主任医师答：小儿出生后 4 ～ 5 个月内，肌张力增高、肢体呈现屈曲状，属于正常现象，新生儿保持这种较高的肌张力是为了分娩的需要，这种情况一般不需要捆绑。相反，捆绑过紧反而不利于小儿的生长发育。

问：我的孩子出生 7 天了，大便非常稀，这是小儿腹泻吗？与使用的奶粉有关吗？需要治疗吗？

赵坤主任医师答：新生儿大便一般为稀糊状，尤其是母乳喂养儿大便是金黄色、糊便，无其他不适，这属于正常现象。奶粉喂养儿大便有些为糊状，有些成形，此时需要观察，必需时可以找医生看一看，判断其是否有牛奶过敏性泻泄或消化不良泻泄等。

问：我的孩子出生 15 天，老是会漏一点大便，这正常吗？

赵坤主任医师答：如果孩子没有其他不适，可以观察，此时应该看肛门有无发育畸形，有无瘘管、腿肿等，如果没有，可以观察，有些正常的孩子也会出现此种现象。

68 孩子经常抠屁屁怎么办

如果您的孩子也出现类似的情况，洗洗也不见效，最好找个专业的儿科医生，看看需不需要开一些驱虫药。

自从有了孩子以后，他哪怕有丁点的异常行为，都能在我心里无限放大，让我非常担心。我估计很多家长跟我一样，有一次我无意中就在想，孩子是父母的心头肉，这话不知道谁说的，真应该给他颁个什么奖，太厉害了。

有一阵子，我儿子不知为什么，经常会用手抠小屁屁，正在玩的时候，就会停下来用小胖手抓一抓。有时候在睡觉呢，也会不自觉地用手抓。

幸好我守着专家，不用为这种事烦恼。我给宋桂华主任医师打电话询问，宋主任说，这应该跟肛周痒有关，可能是孩子患了蛲虫症了。蛲虫的虫卵一般是在肛周皮肤上孵化出幼虫，这时候小儿会感觉肛周发痒，幼虫经肛门进入肠腔，并可发育为成虫虫卵。此种方式称为逆行感染。你们可以先经常用清水给孩子进行肛周清洗，如果这种行为消失即可。如果不行的话，最好来医院，开一些驱虫药，或者用蛲虫膏涂抹。

一听宋主任的话我就放心了，就跟妈妈和媳妇说，要多给孩子洗洗小屁屁。过了三四天，儿子就不抓小屁屁了，看来问题解决了。

69 枣芽发，小儿不怕刮

中医将大自然的六种气候“风、寒、暑、湿、燥、火”统称为“六气”，如果人不能适应六气的时候，它就会转变成“六邪”或“六淫”。

儿子一个月的时候，晚上睡觉爱出汗，后脑勺上还有明显的枕秃。到医院问了问儿科宋桂华主任医师，她说缺钙了。建议我给孩子吃一些钙片，还有鱼肝油，并嘱咐我多给孩子晒晒太阳。那时候正值三月初，大人还没有脱去厚厚的棉衣。一个周末，是个大晴天。中午的时候，我说，太阳出来了，抱孩子下楼晒晒太阳吧。没想到妈妈连忙阻止，她说，民间有句俗话叫“枣芽发，小儿不怕刮”，等到枣芽发的时候吧！

养孩子的经验，妈妈真是没得说。

三月底的时候，妈妈已经带着孩子出门了，在小区里朝阳但背风的地方给孩子晒太阳。晚上吃饭的时候，妈妈跟我说，小区里的一个孩子，长到九个月的时候才出门。

我听了很不可思议，妈妈说，人家家人怕孩子受风。我接着问孩子长得怎么样，她说挺白的，但是比较瘦。

我听了很感叹，中医将大自然的六种气候“风、寒、暑、湿、燥、火”统称为“六气”，如果人不能适应六气的时候，它就会转变成“六邪”或“六淫”。小孩子虽然是要呵护一下，但如果连大自然都要惧怕的话，那怎么能适应呢？

70 白孩儿弱，黑孩儿泼

病最喜欢啥样的孩子呢？一是皮肤白的，二是眼睫毛长的，三是脸蛋红的，长得跟瓷娃娃似的，看着真好看，但是就是见太阳少，所以容易生病。

四月初的时候，媳妇带着儿子回老家住了几天。孩子回家的第十天，晚上我做梦梦见儿子了。梦里儿子躺在我边上睡觉，突然，他说话了："爸爸，我的脚凉。"虽然是在梦里，但就像是真的一样。当时我听了心里很不是滋味，把他抱到我的肚子上，说："来，爸爸给你暖暖。"

然后我就醒了，醒来后就再也睡不着了。周末的时候毫不犹豫地回到了老家。

回到家后，第一眼看到孩子的时候，发现孩子没以前白了。我就说："儿子现在咋黑成这样啊！"

"白孩儿弱，黑孩儿泼！男孩儿要那么白干什么？回来后天天带他晒太阳。"妈妈反驳我了两句。泼，泼实，是河南话，结实的意思。想一想，妈妈说得还真对。妈妈总是能说一些养孩子的健康谚语，让我佩服至极。

晚上睡觉的时候，发现孩子睡觉也不出汗了。

从老家回来，孩子正好三个月，要去进行体检。到了那里，大夫第一句话就问我和媳妇："是不是经常给孩子晒太阳啊？"我们回答是。大夫说："不错，看孩子的皮肤黝黑黝黑的，眉毛黑黑的，一看就经常晒太阳。钙片和鱼肝油一直吃着吧？”看我们点了点头，大夫又说：“如果孩子经常晒太阳的话，可以把鱼肝油停了，因为鱼肝油是促进钙吸收的。”

我问了一下到底晒太阳有什么好处，大夫说，太阳光中的红外线温度较高，对人体主要起温暖作用，可使身体发热，促进血液循环，增进人体活动功能。太阳光的紫外线能促进皮肤中的麦角固醇转变成维生素。维生素 D 进入人的血液后能帮助吸收食物中的钙等微量元素，可以预防和治疗小儿佝偻病；紫外线还可以刺激骨髓制造红细胞，防止贫血，并可杀除皮肤上的细菌，增进皮肤的抵抗力。

大夫给我讲了这么多，其实我觉得，因为有了太阳才有了生命，晒太阳的好处绝对远不止如此。

临走时，大夫跟我说，现在很多家长都生怕孩子晒黑了，结果孩子是白了，但是病却多了。

无独有偶，有一次我带个朋友家的孩子去任献青博士的门诊上看病的时候，任大夫正跟一位家长说话呢。他说：“病最喜欢啥样的孩子呢？一是皮肤白的，二是眼睫毛长的，三是脸蛋红的，长得跟瓷娃娃似的，看着真好看，但是就是见太阳少，所以容易生病。”

感谢我的父母。

后记：不养儿不知报人恩

前年夏天，我利用自己的年假到港澳去转了圈，出去了8天的时间。下午回到小区，正好碰到妈妈抱着儿子在小区门口玩。儿子才半岁，他远远就看到我了，然后就哇哇哭了起来。

小孩子天性如此率真，让我也感动得双眼含泪，如果不是妈妈在边上，我真有可能就哭了。

这是我的孩子，他与我血脉相连，心意相通。

其实，孩子每一天的变化都在无形中影响着我，让我对亲情、友情有了更加刻骨的认识。古语说，不养儿不知父母恩，我觉得不止于此，不养儿不知报人恩。

先说说亲情。从儿子出生到现在这两年半的时间里，我的家里经历了很多事，从父母生病住院、手术，到妹妹出嫁以及她的女儿的降临。我从自己与儿子的血肉之情想到了父母养育我的不易。

前年六月麦收，在将麦子往袋子里装的时候，最后一点点，有大约几十粒麦籽散落在地上，妈妈挥舞着扫帚足足扫了十几下，又蹲下身子一粒一粒地捡到手里。

其实，这种场景每年都会发生很多次，收麦子、收玉米……以前我都视而不见。但是那一次让我心灵震撼，那几十粒麦籽值几个钱啊，在我看来一毛钱都不值。但是妈妈就是这样一下一下地劳作，也是这样一点一点把我养大的。

从那以后，我学会了担当，明白了责任，对父母、兄弟姐妹，包括远在外地的岳父母都要尽到自己的责任。

其次是恩情。我的儿子从出生时的8斤6两多，一直到现在2岁9

个月，体重37斤，一直是标准的“重量级”宝宝，腿上的肉瓷实得捏都捏不动。前阵子得了手足口病，手上脚上都是红点，不到一周就扛过去了。孩子之所以这么健壮，离不开医院这些知名专家的呵护。正因为有了专家那些贵如金子的护理方法，那些简单实用的小妙招，我的孩子才不会隔三岔五生病，才不会经常输液吃抗生素。再次感谢河南中医学院第一附属医院儿科、国医堂的各位专家。

最后是友情。作为全国十几家报纸、杂志、网站的特约记者，有些编辑我有幸跟他们见过，有很多跟我约稿的编辑，他们远在各个省份，我们从来没有机会见过面。以前，我觉得他们跟我约稿，是因为我能写。有了孩子以后，闲暇之余会想很多事，我后来想明白，其实是他们在帮我成长。包括紫图图书的老师，当我把书稿交付给他们看的时候，他们忙着编辑、排版、印刷、宣传……

这是一种恩情，感谢！

何世桢

2014年10月

图书在版编目（CIP）数据

让孩子不挑食 脾不虚 身体棒／何世桢著．
——南昌：江西科学技术出版社，2014.11
ISBN 978-7-5390-5209-0
Ⅰ．①让…　Ⅱ．①何…　Ⅲ．①小儿疾病－诊疗　Ⅳ．
① R72
中国版本图书馆 CIP 数据核字 (2014) 第 240096 号

国际互联网（Internet）地址：http://www.jxkjcbs.com
选题序号：ZK2014253　　图书代码：D14151-102

丛书主编／黄利　监制／万夏
项目策划／设计制作／紫圖圖書 ZITO®
责任编辑／刘丽婷
特约编辑／马松　宣佳丽

让孩子不挑食 脾不虚 身体棒　　何世桢／著

出版发行	江西科学技术出版社
社　　址	南昌市蓼洲街 2 号附 1 号　邮编 330009 电话：(0791) 86623491　86639342（传真）
印　　刷	北京瑞禾彩色印刷有限公司
经　　销	各地新华书店
开　　本	787 毫米 ×1092 毫米　1/16
印　　张	11.5
字　　数	100 千
版　　次	2014 年 11 月第 1 版　2015 年 1 月第 2 次印刷
书　　号	ISBN 978-7-5390-5209-0
定　　价	32.00 元